Tobias Hürter

DER TOD IST EIN PHILOSOPH

Tobias Hürter

DER TOD IST EIN PHILOSOPH

Wie mich ein Sturz vom Berg auf den Sinn des Lebens brachte

Piper München Zürich

Mehr über unsere Autoren und Bücher:
www.piper.de

Für Bento

FSC
www.fsc.org
MIX
Papier aus verantwortungsvollen Quellen
FSC® C083411

ISBN 978-3-492-05580-2

Satz: Nadine Thiel | kreativsatz, Baldham
Druck und Bindung: CPI – Clausen & Bosse, Leck
Printed in Germany

»Du lebst nur zweimal: einmal, wenn du geboren wirst, und einmal, wenn du dem Tod ins Gesicht siehst.«

James Bond, als er in *Du lebst nur zweimal* von Ian Fleming zum Japaner ausgebildet wird und ein Haiku schreiben soll

Inhalt

1 37 Meter

Wie der Tod mich dazu brachte, neu über mich nachzudenken

Was geht einem Menschen in den letzten Sekunden seines Lebens durch den Kopf? Viele erfahren es erst, wenn es zu spät ist, davon zu berichten. Ich erfuhr es am Allerheiligentag des Jahres 2011. An diesem goldenen Herbsttag stand ich vor der Sonne auf, fuhr mit zwei Freunden in die Berge und stürzte haarscharf am Tod vorbei. Für einen Augenblick war ich mir sicher, gleich zu sterben. Ich befürchtete es nicht nur – ich war absolut überzeugt davon, gerade meine letzten Sekunden zu erleben. Auf einmal war er da, der Tod, so nah wie die Bergstiefel an meinen Füßen, so gewaltig wie die gleißende Sonne, die mein Missgeschick beleuchtete.

Und dann war er wieder weg. Mit unwahrscheinlichem Glück landete ich 37 Meter tiefer auf einem Absatz über dem Abgrund. Es folgten eine Stunde schmerzhaften Wartens, eine waghalsige Hubschrauberrettung und viele mühevolle Monate der Genesung. Der Tod jedoch hatte seine Hand von mir zurückgezogen. Allerdings nicht ohne einen nachhaltigen Eindruck bei mir zu hinterlassen. Hinter dieses Erlebnis gibt es kein Zurück. Das Gefühl, dem Tod so nah zu sein, dass ich mir ganz und gar sicher war, ihm nicht zu entkommen, verfolgte mich. Da war noch etwas, das verstanden werden wollte. Ich bewahrte es auf wie in einer inneren Vitrine. Es war mir wertvoll, aber ich wollte ihm nicht ständig ausgesetzt sein.

37 Meter. Ungefähr die Höhe eines Hochspannungsmasts.

Wenn man sie im freien Fall zurücklegt, braucht man etwa drei Sekunden und wird von der Erdgravitation auf eine Geschwindigkeit von knapp 100 Kilometer pro Stunde beschleunigt. So war es nicht bei mir, ich bin eher hinuntergepoltert, habe daher länger gebraucht und bin etwas sanfter gelandet. Doch auch so kommt es mir wie ein Wunder vor, dass ich noch lebe. Nach allem, was zu erwarten gewesen war, hätte solch ein Sturz mich töten müssen. Immer wieder in den Monaten nach dem Absturz habe ich mir diese 37 Meter, ermittelt von der Bergrettung, vor Augen geführt. Ich habe sie mit 37 Schritten ausgemessen und aus der zehnten Etage des Hochhauses der Süddeutschen Zeitung in München nach unten geschaut. Große Höhen machen mir sonst nicht so viel aus, aber bei diesen 37 Metern wird mir etwas schwindlig. Es ist sozusagen ein existenzieller Schwindel. Ich lebe noch, aber ich weiß nicht genau, warum.

»Es kann immer etwas passieren«, das sagt man so dahin. Auf der Autobahn, beim Bergsteigen, beim Müllrausbringen. Ziegelstein auf den Kopf. Kann vorkommen. Wird schon nicht passieren. An jenem Herbsttag ist es mir passiert. Feiertag, gutes Wetter, eine kleine Bergtour – und dann wäre ich beinahe gestorben. Unerklärlich daran ist nicht, dass es passiert ist. Das ist überaus erklärlich. Unerklärlich ist, dass ich es überlebt habe. Wir gehen an vielen Wegen vorbei, die aus dem Leben führen. Die Ungewissheit lauert überall. Um sie nicht erleben zu müssen, schaffen Menschen sich Inseln des Vertrauten: Heimat, Familie, Partnerschaft, Glauben. In Grenzsituationen, wie ich eine erleben musste, erfahren Menschen jedoch, dass all diese Vertrautheit trügt. Die Ungewissheit bleibt. Die Ungewissheit des Todes ist nicht zu bändigen. »Grenzsituationen zeigen mir das Scheitern«, sagt der Existenzphilosoph Karl Jaspers.

Viele Menschen, die dem Tod sehr nahe gekommen sind, prägt diese Erfahrung tief: Sie haben ihr Leben umgekrempelt. Viele von ihnen werden liebevoller, neugieriger, aufmerksamer gegenüber anderen Menschen. Ich auch. Aber da war noch etwas Wichtigeres. Der Beinahetod zwang mich zur Auseinandersetzung mit den großen Grundfragen: Wer bin ich? Was bleibt von mir? Was ist mir wirklich wichtig? Diese Fragen stellten sich mir mit solcher Wucht in den Weg, dass ich mich nicht mehr mit »Ja, ja, schon klar, ich werde mal sterben, aber damit beschäftige ich mich später« um sie herumwinden konnte. Mir blieb nur: »Ja, ich werde sterben. Und jetzt? Was bedeutet das? Was folgt daraus?« Natürlich wusste ich längst, dass ich sterben werde. Ich wusste es, aber ich glaubte es nicht. Wirklich anerkannt habe ich den Tod erst jetzt. Erst nachdem er persönlich bei mir vorbeigeschaut hat, bin ich bereit, mein Leben für ihn zu ändern.

Wirklich gute Freunde erkennt man daran, dass sie einem auch unangenehme Dinge sagen, die einem sonst keiner sagt. Und so sehe ich meinen Absturz als einen guten Freund. Indem er mir etwas über meinen Tod gesagt hat, hat er mir etwas über das Leben gesagt, das mir mal gesagt werden musste. Über das Leben vor dem Tod – und über das Leben nach dem Tod. Das war meine erstaunlichste Erkenntnis: An der Intuition, die Menschen aller Religionen und Zeiten hatten, ist was dran. Nach dem Tod kann es weitergehen. Zwar nicht in einem Himmel, in dem ein Gott mit Rauschebart oder 72 Jungfrauen warten. Aber auf andere, nicht offensichtliche, aber auch nicht weniger interessante Weise. Das ist eine der Geschichten, die dieses Buch erzählt: meine Geschichte von der Weiterexistenz nach dem Tod. Jawohl, das ist mein Ernst: Weiterexistenz nach dem Tod. Es ist eine etwas komplizierte Geschichte. Um überzeugend zu erklären, warum gute Gründe für die Annahme sprechen, dass man nach dem Tod auf andere Weise weiterexistiert, auch wenn man nicht an die Bibel, den Koran oder die Upanishaden glaubt, brauche ich ein ganzes Buch.

Es sollte ein klares Buch werden, eines, das ohne Mystizismen und möglichst ohne Jargon auskommt; in dem philosophiert, argumentiert, begründet und das heißt: langsam gedacht wird. Schritt für Schritt auf den Grund der Dinge zu. Aber beim Schreiben musste ich sehen, dass der Grund gerade dieser Dinge, um die es hier geht, oft unvermutet tief liegt. Manche Dinge, die ungeschrieben noch so einfach scheinen, zeigen sich erst beim Aufschreiben in ihrer ganzen Vertracktheit. Das hält mich nicht davon ab, sie aufzuschreiben. Aber es ändert das Ergebnis. Herausgekommen ist kein Abschlussbericht über meine Beschäftigung mit der Endlichkeit des Menschen, sondern ein Essay, sozusagen lautes Denken in Schriftform.

Es gab einiges zu verarbeiten für mich, und das Schreiben dieses Buches war Teil des Verarbeitungsprozesses. Nach mehr als einem Jahr bin ich noch immer damit beschäftigt, und ich kann nicht absehen, ob und wann ich je zu einem Ende kommen werde. Aber eines kann ich sagen: Es hat mich so viel weitergebracht, dass ich mein Bergunglück jetzt unter dem Strich als Glück betrachte. Ich bin mir sicher: Es tut jedem gut, sich schon zu Lebzeiten näher an den Tod heranzuwagen. Und ich bin mir auch sicher: Es ist nicht nötig, dafür vom Berg zu fallen. Vielleicht genügt es ja sogar, ein Buch zu lesen.

2 Der große Zivilisator

Warum der Tod bei den Pyramiden und der Chinesischen Mauer mitgebaut hat

Es ist der Urtext der abendländischen Literatur: die *Ilias*, geschrieben vor ungefähr 2800 Jahren von einem rätselhaften Autor namens Homer. Sie erzählt vom Krieg um Troja, weswegen viel gestorben wird. Aber auf den zweiten Blick ist der Krieg nicht das Thema der *Ilias*, sondern nur die Bühne. Sie ist kein Geschichtsbuch und verrät weder, wie der Krieg begann, noch, wie er endete. Das große Thema der *Ilias* sind die Menschen: Wie ergeht es ihnen auf dem Schlachtfeld? Wie findet Achilles den Weg durch die Kriegswirren? Immer wieder schwingen junge Krieger die Schwerter gegeneinander, immer wieder gibt es Gelegenheit, die Mutigen von den Feiglingen, die Edlen von den Hinterlistigen zu trennen. Und immer wieder geht es darum, was einen ehrenhaften Tod von einem unehrenhaften unterscheidet. Die homerischen Helden kämpfen für die Ehre und ewigen Ruhm. Der Tod ist eine Selbstverständlichkeit für sie wie Helm und Harnisch. Entscheidend ist, wie man stirbt: möglichst wie ein Mann, entschlossen, ungebeugten Hauptes. Als Achilles auf einen trojanischen Prinzen trifft und ihn mühelos besiegt, bietet dieser Achilles ein saftiges Lösegeld, wenn der ihn verschone. Achilles ist angewidert und herrscht den verängstigten Prinzen an, er solle mit dem Wimmern aufhören und sich männlich dem Tod stellen. Der Tod ist Normalität, die Ehre etwas Besonderes. Jene, die für die Ehre den Tod nicht in Kauf nehmen wollen, nennt Homer »Frauen, nicht Männer«. Mut und Männlichkeit sind in Homers Sprache synonym: *andreia*. Als Achilles schließlich kampfesmüde wird, tötet der trojanische Königssohn Hektor Achilles' Freund Patroklus. Achilles, wild vor Schmerz, zieht nochmals in die Schlacht, auch wenn er ahnt, dass dies seinen Tod bedeutet. Er rächt Patroklus, indem er Hektor tötet, entscheidet den Krieg für die Griechen – und stirbt dabei den Heldentod.

Die *Ilias* ist eine der frühesten Darstellungen davon, wie ein Mann zum Helden wird, sprich: wie er in den Tod zu gehen hat. Vor allem das ist es, was sie zu einem Meilenstein unserer Kulturgeschichte macht. Denn der richtige Umgang mit dem Tod ist nicht nur *ein* großes Thema unserer Kultur, sondern *das* größte. Wer in ständiger Angst lebt, zu verhungern oder gefressen zu werden, kann keine großen Kunstwerke schaffen, Kathedralen bauen oder wissenschaftliche Theorien erdenken. Seit Zehntausenden Jahren trotzen Menschen dem Tod, verdrängen ihn, bekämpfen ihn, huldigen ihm. Achilles hat dieses Projekt ein großes Stück vorangebracht. Seht her, ist seine trotzige Botschaft, ich verende nicht wimmernd wie ein Tier. Ich sterbe stolz. Ich habe für etwas gelebt, und ich sterbe für etwas. Der amerikanische Kulturwissenschaftler Ernest Becker schrieb 1973 ein großartiges Buch mit dem Titel *Dynamik des Todes* (der amerikanische Originaltitel: *The Denial of Death*), in dem er der Frage nachgeht, hinter welcher Maske die Angst vor dem Tod sich versteckt. Heroismus, ist Beckers Antwort. Seine Vorstellung von der *Condition humaine* ist diese: Nichts bewegt den Menschen mehr als der Wunsch, sich von der Angst vor dem Tod zu befreien. Heroismus ist vor allem ein Reflex auf den Schrecken des Todes. »Die Gesellschaft selbst ist ein kodifiziertes Heldensystem, will sagen, sie ist überall in der Welt ein lebendiger und herausfordernder Mythos des Sinnes des menschlichen Daseins«, schreibt Becker. »... alles kreative

Tun des Menschen [ist] im Grunde nichts weiter als ein künstlicher Protest gegen eine natürliche Wirklichkeit ...«

Doch der Trotz des Helden ist nur eine von mehreren »schöpferischen Lebensweisen« im Angesicht des Todes. Die Geschichte sei, was der Mensch aus dem Tode macht, sagte der deutsche Philosoph Georg Wilhelm Friedrich Hegel. Dieses Kapitel soll zeigen, welche Vielfalt er dabei entwickelt hat.

Vieles, was der Mensch ausschließlich für sich beansprucht, ist bereits im Tierreich angelegt: Tiere kennen Vorformen von Herrschaft, Eigentum und Ehe. Schimpansen zeigen in Versuchen Ansätze von Gerechtigkeitssinn. Auch eine Ahnung vom Tod scheinen andere Primaten zu haben: Gorillas trauern um ihre Toten. Aber wissen sie auch um ihre eigene Sterblichkeit? Sehr wahrscheinlich nicht. Das ist ein Privileg des Menschen. Wenn Archäologen ihre Funde richtig deuten, dann erzählten sich schon die Neandertaler und die früheren Vertreter des *Homo sapiens* Geschichten vom Leben ihrer geliebten Verstorbenen. Das ist der Unterschied zwischen trauernden Menschen und trauernden Tieren: Menschen spinnen den Tod in Geschichten ein. Tiere sind, soweit wir wissen, zu so etwas nicht fähig.

Wo ein Mensch hinschaut, sieht und schafft er Zusammenhänge. Menschen sind Sinnsucher, das unterscheidet sie von Tieren. Menschen grübeln über ihre Existenz. Im Angesicht des Todes trauern sie nicht nur, sie rätseln über die Endlichkeit ihres eigenen Daseins, über ein Leben nach dem Tod, sie zweifeln und verzweifeln. Andere Lebewesen kämpfen sich blindlings durch ihr Leben, bis es endet. »Vom Menschen abgesehen sind alle Geschöpfe unsterblich«, schrieb der argentinische Schriftsteller Jorge Luis Borges, »da sie den Tod nicht kennen.« Irgendwann vor einigen Hunderttausend oder Millionen Jahren verstand erstmals ein Vertreter der Gattung *Homo*, dass auch er dereinst sterben muss. Dies war der Zündfunke zum größten Projekt der Menschheit: der Zivilisation. Die Menschen begannen, den Tod zu bannen. Sie gestalteten sich eine Lebenswelt, die sie vor den Bedrohungen der Natur schützt. Sie bewaffneten sich, erfanden die Landwirtschaft, bauten Häuser und Städte. Die Geschichte der Menschheit ist das, was die Menschen aus dem Wissen um ihre Sterblichkeit gemacht haben. Der polnische Soziologe Zygmunt Bauman formuliert es knapp und radikal: »Ohne Sterblichkeit keine Geschichte, keine Kultur – keine Menschheit.«

Nur weil der Mensch um seinen Tod weiß, kann er ihm trotzen. Trotz spielt eine wichtige Rolle in der Entwicklung von Kindern, er prägt vor allem die Lebensjahre zwei bis vier, »Trotzalter« genannt. Kleinkinder trotzen ihrer Lebenswelt, in der sie zutiefst in Abhängigkeiten verstrickt sind, Autonomie ab. Mit der noch unreflektierten Kraft ihres Willens entringen sie ihrer Umwelt Zugeständnisse – ein früher Schritt zur eigenen Persönlichkeit. Auch der erwachsene Held ertrotzt sich Autonomie. Er entledigt sich seiner Todesangst, indem er ihr verwegen ins Gesicht lacht. Er verhöhnt sie, indem er sich auf die Granate wirft, um seine Kameraden zu schützen. Aber nur, weil er sich dabei heldenhaft vorkommen kann. In jedem Helden steckt ein Kleinkind. Die Welt ist ein rauer Ort zum Leben, unwirtlich, unerbittlich, gewaltig und gefährlich. Wo findet man Sicherheit in ihr, wie umfriedet man sein Revier? Indem man es ihr abtrotzt. Das in Achilles verkörperte Heldentum ist die Trotzphase der abendländischen Zivilisation in ihrem Verhältnis zum Tod.

Mit seinem Heldentod setzte Achilles einen Trend. Über die Risikogruppe der Krieger hinaus etablierte sich die Praxis, die Wichtigkeit einer Angelegenheit zu betonen, indem man für sie stirbt: die Ehre, die Heimat, die Religion, die Überzeugung. Besonders eindrucksvoll gelang dies Jesus von

Nazareth. Er überwand den Tod, indem er sich ihm hingab, dafür wurde er berühmt. Doch unter Achilles' Early Adopters waren auch auffällig viele Philosophen. Diogenes von Sinope hielt angeblich so lange den Atem an, bis er starb. Zenon von Elea soll seine Zunge abgebissen und dem Tyrannen entgegengespuckt haben, den er gerade vergeblich zu töten versucht hatte. Auch Sokrates, der Philosoph schlechthin, starb den Heldentod. Den Schriftstellern des alten Rom, den frühen Christen und den Theologen des Mittelalters galt er als vorbildlich. Allerdings war Sokrates, wie Jesus, ein Mann des gesprochenen, nicht des geschriebenen Wortes. Das Schreiben überließ er anderen, vor allem seinem Jünger und Evangelisten Platon. Sokrates lieferte Platon den Stoff für die schönsten Dialoge der Philosophiegeschichte. Dafür verhalf der Schüler dem Meister zu seinem überragenden Einfluss auf die abendländische Geistesgeschichte.

Doch es hätte durchaus anders kommen können. Zu Lebzeiten war Sokrates schlecht angesehen. Der Komödienschreiber Aristophanes verulkte ihn in seinem Stück *Die Wolken* als verschrobenen Pedanten, der eifrig darüber diskutiert, wie weit Flöhe springen. Erst im letzten Moment schuf Sokrates seinen Mythos: Er ging für seine Lehre in den Tod. Heute überstrahlt Platons Sokrates die Witzfigur, zu der Aristophanes ihn machte.

Wie genau Sokrates zu Tode kam, dazu widersprechen sich die Berichte. Vermutlich wurde er wegen staatszersetzender Umtriebe angeklagt. Sokrates stellt sich den Anklägern und verteidigt sich mit einer Rede, die Platon mitschrieb und zu Weltruhm brachte. Sokrates weigert sich, seinen Lehren abzuschwören, als aufrechter Zeuge der Wahrheit geht er in den Tod, mit einer Unerschrockenheit, die sogar seine engsten Gefolgsmänner in Staunen versetzt. Den Giftbecher setzt er an den Mund, als wäre es der von ihm so gern konsumierte Wein.

Sokrates' Gelassenheit geht nach seinen von Platon überlieferten Worten darauf zurück, dass er den Tod als Lappalie betrachtete. Seiner Ansicht nach befreit der Tod die Seele vom lästigen Körper. Mit dem Tod fange das Leben erst richtig an. Ein wahrer Philosoph solle also freudig in den Tod gehen. In meinen Augen schmälert das Sokrates' Heldentum. Denn wenn der Tod nicht fürchtenswert ist, dann ist Todesmut keine große Leistung. Aber schlimmer noch, ich vermute, Sokrates hat sich geirrt mit seiner Annahme, dass mit dem Tod das Leben so richtig losgehe. Später in diesem Buch werden wir seine Argumente prüfen.

Was Sokrates für die abendländische Philosophie ist, das ist der Brandner Kasper für die bayerische Volksmythologie. Er trotzt dem Tod auf seine Weise: Er will nicht seine Seele befreien oder als Held sterben, er will einfach gar nicht sterben. Seine beiden Söhne, »da Toni und da Girgl«, sind aus dem Haus, seine Frau verstorben, und so lebt der Brandner Kasper mit seinen 75 Lenzen allein vor sich hin, in seinem Häusl zwischen Tegernsee und Schliersee. Eines Abends klopft es, das ist ungewöhnlich. Eine bleiche, hohläugige Gestalt tritt ein und stellt sich vor: »I bin da Boandlkramer.« Der leibhaftige Tod also ist gekommen, um den Brandner zu holen. Der aber ist kerngesund und fühlt sich noch zu wohl auf dieser Welt, um schon zu gehen. Der listige Schlosser schenkt dem Boandlkramer einen Kirschschnaps ein. Und noch einen. Dann schlägt er ihm ein Spiel vor: Sie sollen um seinen Abgang karteln. Solch ein Angebot ist dem Boandlkramer neu und das Kartenspielen auch, doch der Alkohol hat ihn forsch gemacht, und so spielt er mit. Der Brandner trickst ihn mit einer Karte aus seinem Jackenärmel aus. 15 weitere Jahre für ihn! Der alkoholisierte Tod wankt fluchend hinaus. Kein Mensch würde diese Geschichte für realistisch halten. Weder gibt es den Boandlkramer, noch würde er sich zum Kartenspiel herablassen, wenn es ihn gäbe. Der

Mythos vom Brandner Kaspar drückt die stille Sehnsucht aus, den Tod zu überlisten wie ein bayerischer Sauhund. Der Brandner Kasper stirbt nicht für etwas. Das liegt dem Bayern fern.

Doch meine Behauptung war ja nicht, dass nur einige herausragende Vertreter unserer Kultur dem Tod trotzten, sondern dass unsere ganze Zivilisation auf dem Tod gebaut ist. Das kann man sogar wörtlich nehmen, denn der Tod arbeitete mit bei den größten Bauvorhaben der Menschheitsgeschichte: den Pyramiden der alten Ägypter und der Chinesischen Mauer. Die großen Pyramiden am Nil waren Startplätze der Verstorbenen in ihren neuen Seinsabschnitt, geometrisch so ausgerichtet, ihnen den Übergang ins Jenseits möglichst bequem zu machen. Die Chinesische Mauer wurde vom ersten Kaiser von China ausgebaut – einem Mann, dessen Leben eine einzige Flucht vor dem Tod war.

Das alte Ägypten war der bisher erfolgreichste Versuch des Menschen, die Zeit anzuhalten. Drei Jahrtausende tat sich fast nichts am Nil. Solange es ging, machten die Ägypter so weiter, wie sie es immer schon gemacht hatten, und diese Haltung prägte auch ihren Umgang mit dem Tod: Sie stellten sich das Leben nach dem Tod als nahtlose Fortsetzung des Lebens vor dem Tod vor. Doch auch drei Jahrtausende sind keine Ewigkeit. Im dritten vorchristlichen Jahrhundert hatte Alexander der Große Ägypten eingenommen. Das Römische Reich schwang sich gerade zur Großmacht auf. Die Konsuln und Senatoren ahnten allerdings nicht, dass am anderen Ende der Welt gerade eine noch größere Macht entstand: China. In seinem Buch *Unsterblich* erzählt der Philosoph und Diplomat Stephen Cave die Geschichte des chinesischen Nationalhelden Qin Shihuangdi. Er wurde im Jahr 259 vor Christus in China in die Zeit der Streitenden Reiche geboren. Mit 13 Jahren bestieg er den Königsthron des Reiches Qin. Nicht gerade ein bequemer Sitz: Sein Vater hatte sich nur drei Jahre auf dem Thron halten können, der Vorgänger seines Vaters sogar nur zwölf Monate. Der Königshof war eine Schlangengrube: Verschwörungen, Komplotte, Anschläge. Sogar seine eigene Mutter intrigierte gegen Qin Shihuangdi, um einen ihrer jüngeren Söhne an die Macht zu bringen. Aber Qin Shihuangdi war entschlossen, den Thron zu verteidigen. Und mehr noch: Er hatte eine Vision. Seit Generationen lagen die chinesischen Königreiche miteinander im Clinch. Es war eine barbarische Zeit, in der Schlachten Hunderttausende Opfer forderten. Qin Shihuangdi träumte von einem geeinten China, in dem die Menschen in Ruhe und Frieden leben konnten, und er machte sich daran, diesen Traum zu verwirklichen – mit Gewalt natürlich. Er schickte seine schwarz gepanzerten Krieger gegen die Nachbarn aus. Wer die meisten Köpfe von Feinden zurückbrachte, wurde befördert. Ein Königreich fiel und ein weiteres. Dann wandte sich Qin Shihuangdi dem kleinen, widerspenstigen Staat Yan zu. Der Kronprinz von Yan fädelte ein Attentat gegen den Qin-König ein. Der Attentäter stürzte mit einem vergifteten Dolch auf den König zu, der die tödlichen Stöße im letzten Moment mit seinem Schwert abwehrte. Nun war Qins Zorn nicht mehr zu bremsen. Er überrannte zuerst Yan, dann die noch verbleibenden drei Kleinstaaten. China war sein. Qin Shihuangdi nannte sich der Erste Kaiser von China. Genau übersetzt, heißt sein Name »Erster erhabener Gottkaiser von Qin«.

Je höher man steigt, desto tiefer kann man fallen. Am Berg ist das klar, aber es gilt auch sonst im Leben. Wie so viele Menschen, die es zu Macht oder Reichtum gebracht haben, war Qin Shihuangdi sich besonders schmerzhaft bewusst, wie flüchtig seine Habe ist. In den Tod, so scheint es, kann man nichts davon mitnehmen, keine Macht, kein Amt, keinen Sportwagen, kein Aktiendepot. Nichts von dem, was man diesseits des Todes erworben hat.

Qin Shihuangdi verwandte all seine Macht darauf, seine Sterblichkeit auszublenden. Er ließ alle Bücher verbrennen, die nicht in sein Herrschaftssystem passten, und Schutzwälle gegen die wilden Stämme des Nordens errichten – die erste Ausbaustufe der Chinesischen Mauer. Wer seiner Untertanen es wagte, die Möglichkeit seines Todes zu erwähnen, wurde exekutiert. Er reiste durchs Land, um Mediziner und Schamanen nach ihren Anti-Aging-Tricks zu befragen, und wehrte mehrere Anschläge auf sein Leben ab. Dennoch starb er schon mit 49 Jahren, vermutlich an einer Medizin, die sein Leben verlängern sollte. Er hatte kein Testament geschrieben. Nicht einmal dafür wollte er an den Tod denken.

Doch etwas von Qin Shihuangdi blieb. Mit ihm begann die fast zwei Jahrtausende währende Kaiserzeit in China. Das von Qin Shihuangdi begründete Reich überdauerte das römische Imperium, das europäische Mittelalter, die Neuzeit, Aufklärung und Industrialisierung. Wenn je ein Mensch sich mit seiner Macht verewigt hat, dann war es Qin Shihuangdi. Auch wenn er seine Unsterblichkeit nicht erlebt hat, zeigt seine Geschichte, welch erstaunliche Dinge Menschen vollbringen können, um sich vom Tode abzulenken.

Sigmund Freud hielt den Tod für die größte Triebkraft überhaupt, größer noch als die Lust. Und tatsächlich belegen psychologische Experimente, wie der Gedanke an den Tod die Menschen anstacheln kann. In den 1990er-Jahren beobachteten amerikanische Psychologen, dass eine kurze Erinnerung an ihre Sterblichkeit eine bemerkenswerte Wirkung auf die politischen und religiösen Ansichten ihrer Probanden hatte. Sie vertraten ihre eigene Religion – ob Christentum oder Judentum – im Bewusstsein ihrer Sterblichkeit nachdrücklicher und waren weniger nachsichtig mit abweichenden politischen und religiösen Ansichten. Kurzum: Das Bewusstsein der Sterblichkeit schweißt Glaubens- und Kulturgemeinschaften zusammen.

Aber auch aus der Leugnung des Todes kommt eine Energie, die die Zivilisation befeuert. Tatsächlich kann man viele unserer technischen und medizinischen Errungenschaften als gewaltiges Programm gegen den Tod verstehen. Die vorzivilisierte Menschheit war den Launen der Natur und des Schicksals ausgeliefert. Das Risiko von Krankheit oder Verletzung war groß, und wen es traf, der war oft dem Tod geweiht. Die Zivilisation hat diese Risiken nicht eliminiert, aber besser beherrschbar gemacht. Sie schützt uns vor den Bedrohungen der Natur. Die Zivilisation ist die Antwort auf die Frage, die der französische Philosoph Michel de Montaigne im 16. Jahrhundert stellte: »Wie kann man den Gedanken an den Tod abschütteln und die Empfindung, dass er uns jeden Augenblick am Kragen gepackt hält?«

In der Londoner Nationalgalerie hängt ein eigenartiges Gemälde: *Die Gesandten* von Hans Holbein dem Jüngeren. Auf den ersten Blick ist es ein Doppelporträt zweier Diplomaten. Auf den zweiten Blick erkennt man eine rätselhafte, lang gezogene Struktur in der unteren Bildhälfte. Sie liegt da wie selbstverständlich. Und dennoch scheint sie nicht ins Bild zu passen. Sie sprengt die Harmonie der zwei Gentlemen und ihrer Insignien. Was ist dieses Ding? Es offenbart sich nur, wenn man sich dem Bild von rechts außen nähert. Wenn man so nah dran ist, dass man das Gemälde aus einem spitzen Winkel von 27 Grad betrachtet, erkennt man einen Totenschädel.

Ich kenne kein besseres Bild des Todes als dieses. Der Tod ist einerseits Teil des Bildes, er ist mittendrin, aber auf den ersten Blick gehört er nicht dazu, ist ein Fremdkörper. Man muss die Perspektive wechseln, um ihn zu erkennen. Erst aus einem extremen Winkel betrachtet, gibt er sich als Tod zu erkennen. Dafür wirkt aus dieser Perspektive der Rest des Lebens bis ins Unkenntliche verzerrt. Es gibt keine »olympische« Perspektive, aus der sich alles gleichzeitig in seinem

Wesen offenbart. Wer die Perspektive nicht wechselt, wer dort verharrt, wo er ist, wer nicht suchend umherwandert, der kann nicht alles erkennen. Um den Tod zu erkennen, muss man an den Rand gehen. Um das Leben zu erkennen, muss man in die Mitte.

Hans Holbein der Jüngere malte *Die Gesandten* im Jahr 1533, dem Geburtsjahr Montaignes. Doch es passt genauso gut in unsere Zeit. Der Tod ist da, und er ist nicht da. Der Tod findet kaum statt in der Öffentlichkeit. In einer Stadt von der Größe meiner Heimatstadt München sterben täglich ungefähr 40 Menschen. Doch man sieht so gut wie nichts davon. Man lebt, als würde nicht gestorben. Klar, jeder weiß, dass jeder sterben muss. Aber doch nicht ich! Nicht jetzt! »Es gibt wohl kaum eine Erfahrung, die den Menschen in seiner Existenz so sehr berührt, wie die Erfahrung der Endlichkeit«, sagt der Wiener Philosoph Konrad Paul Liessmann. Also weichen wir dieser Erfahrung aus. Wenn morgen alle Münchner durch eine göttliche Laune unsterblich würden, ihrer Stadt würde man es vorerst nicht anmerken.

Und doch haben wir dem Tod Reservate eingerichtet: Wer die Schlagzeilen der Boulevardzeitungen liest, zum Spätfilm den Fernseher einschaltet oder ins Kino geht, kann den Eindruck gewinnen, unsere Gesellschaft könne nachts gar nicht genug bekommen vom Tod, den sie tags ausblendet. In Actionfilmen wird gestorben am laufenden Band, und oft kommt kurz vor dem Tod der Schnitt. Im James-Bond-Film *Man lebt nur zweimal* sterben 196 Menschen innerhalb von 117 Minuten. Der Agent mit der »Lizenz zum Töten« schießt seine Gegner, sprich: die Bösen, mit hochgezogenen Augenbrauen aus dem Leben. Der Tod auf niedlich getrimmt.

Welch ein Unterschied zu früheren Zeiten: In der alten Welt war der Tod allgegenwärtig. Mehr als ein Drittel aller Kinder erlebten nicht ihren fünften Geburtstag. Es gab keine Impfungen, keine Antibiotika, keine Desinfektionsmittel, keine Transplantationsmedizin. Wer ernstlich krank wurde oder sich verletzte, starb zumeist daran, dafür gab es reichlich Gelegenheit, ob im Krieg, in Epidemien oder beim Holzfällen. Und der ständig drohende eigene Tod scheint den Menschen damals nicht genügt zu haben, denn sie ergötzten sich an Gladiatorenkämpfen und öffentlichen Hinrichtungen. Jeder, groß oder klein, arm oder reich, war persönlich bekannt mit dem Tod. Es war damals gar nicht möglich, ihn wie heute an den Rand des Bewusstseins zu drängen oder zu tabuisieren. Philosophen, Dichter, Redner und Politiker beschäftigten sich selbstverständlich mit ihm. Die alten Ägypter pflegten ihren Sonnengott Re als Sterbenden darzustellen – als Sonne im Untergang. Im Barock und zu viktorianischen Zeiten entwickelte sich ein regelrechter Kult um den Tod. Ein großer Teil der Barockkunst erinnert den Menschen wieder und wieder an seine Sterblichkeit. Totenschädel, Sanduhren und Sensenmänner, die ihre Finger nach jugendlichen Schönheiten ausstrecken, sind häufige Motive. Über dem Chorgestühl der Barockkirche des Klosters Schäftlarn bei München prangt eine große Uhr, die die Gläubigen daran gemahnt, wie ihre irdische Zeit verrinnt. Die Nonnen des Klarissenordens schliefen bis vor wenigen Jahrzehnten in den Särgen, in denen sie dann auch ihre letzte Ruhe fanden, und es gehörte zum Ritus ihrer Ordensweihe, ihr Totentuch über ihnen zu entfalten. Noch zu Zeiten unserer Urgroßeltern wurden Tote tagelang aufgebahrt. Man trug Trauerkleidung, wenn einer seiner Nächsten gestorben war.

Doch die stille Verbannung des Todes aus dem öffentlichen Leben hatte schon viel früher, mit der Neuzeit und der Aufklärung, begonnen. Es fing leise und unauffällig mit der räumlichen Trennung von Leben und Tod an: mit der Entstehung der Friedhöfe. Die Friedhöfe seien die ersten Gettos gewesen, vermutete Jean Baudrillard, die Urgettos, Vorbilder aller späteren Gettos. Die Toten wurden ausgesperrt, immer weiter aus dem Leben. Im 18. Jahrhundert wurden viele Friedhöfe aus den Städten verlegt. Sterben wurde mehr und mehr zu einem Beschäftigungsfeld der Medizin. Seit der zweiten Hälfte des 20. Jahrhunderts sterben in Industriestaaten die meisten Menschen in Krankenhäusern. Der Tod hat seine reservierten Zonen: die Palliativstation, das Hospiz, die Aussegnungshalle. Nur noch selten steht der Priester dem Sterbenden bei, er kommt allenfalls kurz vorbei, um ihm die Letzte Ölung zu verpassen. Medizinische Protokolle bestimmen die Dramaturgie des Sterbens. In Deutschland werden auf keinen Lebensabschnitt so viele medizinische Ressourcen verwandt wie auf den letzten. Mit aller Macht versuchen Ärzte, das Leben sterbensalter Greise noch um ein paar Wochen oder Monate zu verlängern.

Es ist eine ständige Spannung in uns: Einerseits haben wir unsere Endlichkeit stets im Hinterkopf. Ein Teil von uns weiß, dass es so nicht ewig weitergeht. Jederzeit kann ein Ziehen in der Leistengegend ein tödliches Leiden ankündigen. Das nächste Mal, wenn es klingelt, könnte der Überbringer einer Todesnachricht vor der Tür stehen. Von einem Moment auf den anderen würde sich alles ändern. Das Leben dreht sich dann nur noch darum, einen anderen Menschen am Leben zu erhalten oder selbst nicht zu sterben.

Zwar machen viele Menschen solche Erfahrungen. Dennoch leben die meisten, als ginge es ewig so weiter. Sie schauen sich einen schlechten Film zum vierten Mal an. Sie zanken mit ihrem Partner, weil – weil halt. Wer nicht ewig Zeit hat, hätte eigentlich Besseres zu tun. Dabei ahnen die meisten Menschen, dass sie ihre Zeit verschwenden, während ihr Leben dahinplätschert, dass sie die falschen Dinge wichtig nehmen und das vernachlässigen, was wirklich zählt. Es ist ein Paradox: Wir wissen genau, dass der Moment kommen wird, der uns die Endlichkeit unübersehbar vor Augen führt: im Angesicht unseres Todes oder des Todes eines anderen Menschen. Vielen Menschen, die solche Momente erleben, wird mit großer Wucht klar, wie viel Zeit sie mit unwichtigen Dingen verschwendet haben, als sie noch ein normales Leben führten. Auch allen anderen sollte es nicht schwerfallen, den Tag kommen zu sehen, an dem man von einer unheilbaren Krankheit erfährt und sich fragt: Was habe ich nur die ganze Zeit getan?

Doch indem wir so weitermachen wie bisher, entkommen wir nicht der unbequemen Erkenntnis, dass es auch sinnvoller ginge. Wir zögern sie nur hinaus.

Warum fesseln uns die Nebensächlichkeiten so? Was zieht uns mit solcher Kraft weg von den Dingen, die uns wichtig sind? Es sind charakteristische Symptome von Verdrängung. Der Mensch ist ein Meister der Verdrängung, und die Verdrängung des Todes ist eine seiner Meisterleistungen. Verdrängung ist immer ein unbewusster Prozess, und sie braucht unaufhörlich Energie. Wenn die Energie nicht mehr fließt, bricht die Verdrängung zusammen, und das Verdrängte dringt zurück ins Bewusstsein. Und Verdrängung setzt Energie frei, sie bewegt Menschen zu Taten. Was nehmen Menschen nicht alles auf sich, um sich vom Tod abzulenken!

Doch die Bannung des Todes hat ihren Preis. Der Tod ist heute tabuisiert, so wie es in früheren Zeiten die Sexualität war. Dass auch er ein natürliches Ereignis ist, spielt kaum noch eine Rolle. Wenn heute jemand verliebt ist, dann findet er reichlich Vorbilder und Muster, um mit diesem starken Gefühl umzugehen. Wer aber trauert, bleibt damit oft sich selbst überlassen.

In den Sagen des Mittelalters wird der Tod noch zelebriert: Schon lange bevor die edlen Ritter des Rolandslieds und der frühen Artussagen sterben, beschleicht sie – nach Achilles' Vorbild – eine Todesahnung. Ein Traum oder die Erscheinung eines Verstorbenen sagt ihnen, dass ihre Zeit gekommen ist. Sie suchen sich eine Grabstätte, trauern ausgiebig mit ihren Nächsten und schämen sich nicht, ihre Furcht vor dem Tod offen zu zeigen. Den Tod empfangen sie mit dem Kreuz fest in den Händen und ans Herz gedrückt – ein ungleich würdigeres Bild als die Schläuche, Infusionen und piepsenden Geräte, die zu einer Sterbeszene von heute gehören.

Das Projekt Zivilisation war ein Riesenerfolg. Die statistische Lebenserwartung hat sich in den letzten Jahrtausenden verdreifacht, von unter 30 Jahren auf über 80. Dank Antibiotika und Impfungen sind Krankheiten wie Pocken und Diphterie, die sich einst in furchtbaren Epidemien durch die Bevölkerung fraßen, so gut wie gebannt. Der Tod ist vom Licht in den Schatten gedrängt, aber er ist natürlich noch da. Wir haben den guten Umgang mit dem Tod verlernt. In der Tat, wir könnten so weitermachen. Es funktioniert. Aber ist es auch gut so? Ich glaube, es geht besser. Einen ersten Fingerzeig findet man im Epos von Gilgamesch, aufgeschrieben vor 5000 Jahren im Zweistromland in der ältesten Schrift der Menschheit, der Keilschrift, mit Schilfrohrgriffeln in feuchten Ton geprägt. Er handelt von Gilgamesch, dem tyrannischen König der Stadt Uruk, seiner Flucht vor dem Tod und seiner Läuterung.

Wenn Achilles der Urheld ist, dann ist Gilgamesch der Ur-Antiheld. Auf einen Heldentod hat er keine Lust. Er will leben. Er schikaniert seine Untertanen, entjungfert Bräute in der Hochzeitsnacht, amüsiert sich über den Schrecken junger Männer in Kampfspielen. Bei einer seiner Eskapaden stirbt sein Freund Enkidu. Gilgamesch ist schockiert. Das Schicksal Enkidus will er nicht erleiden. Auf der Flucht vor dem Tod reist er buchstäblich bis ans Ende der Welt. Doch auch dort findet er keine Unsterblichkeit. »Wohin ich mich auch wenden mag, da ist er schon, der Tod«, klagt er. Gilgamesch muss erkennen, dass sein Streben, den Tod zu überwinden, all die Mühe, die er darauf verwandte, all die Gefahren, die er dafür auf sich nahm, sinnlos waren. Was nun? Gilgamesch nimmt erst einmal ein Bad. Gereinigt und geläutert, kehrt er nach Uruk zurück. Indem er sich in seine Sterblichkeit fügt, findet er seinen Frieden. Zum Ende der *Ilias* ist Achilles stolz, aber tot. Gilgamesch ist demütig, aber lebendig. Jeder Mensch hat die Wahl: Wer will er sein, ein Achilles oder ein Gilgamesch?

3 Mein zweiter Geburtstag

Wie mein Beinahetod mich veränderte

Einmal noch. Das war mein erster Gedanke am Morgen des 1. November 2011. Einmal noch viel zu früh aufstehen, viel frühstücken und auf einen Berg klettern. In jenem Jahr hatte ich es oft genug getan. Auf mehr als 50 Gipfel war ich in den Monaten zuvor gestiegen, teils auf ziemlich verwegenen Routen. Ende Oktober war meine Lust auf das Bergsteigen geschwunden. Ich wollte keine große Tour mehr machen. Eigentlich. Aber dann wurde das Wetter noch einmal so schön, wie es nur im Herbst werden kann, klar und golden. Jakob und Heike, zwei erfahrene Münchner Bergsteiger, suchten einen »Seilträger« für die Ersteigung der Westlichen Marienbergspitze. Und es war Allerheiligen. Also los. Einmal noch.

Wir fuhren von München über Garmisch und die österreichische Grenze nach Biberwier, das in einem weiten Gebirgskessel in den Tiroler Alpen liegt. Dort stellten wir das Auto auf einem Parkplatz ab, den bald schon die Skifahrer frequentieren würden. Wir schnürten die Schuhe, schulterten die Rucksäcke und gingen über eine taufeuchte Skipiste hoch zu einem grasigen Sattel, auf dem eine Kapelle stand. Dort trafen uns die ersten Sonnenstrahlen. Welch ein herrlicher Tag.

Nun lag sie vor uns in der Morgensonne: die Westliche Marienbergspitze, ein bröseliger Kalksteinkegel in der Mieminger Kette. Ihre Höhe ist auf Karten mit 2535 Metern angegeben. Die Zugspitze liegt in Sichtweite. Doch während deren Gipfel täglich von Tausenden Seilbahntouristen überrannt wird, ist es auf der Marienbergspitze still. Sie ist einer jener Berge in den Nordalpen, in deren Gipfelbücher sich jährlich vielleicht zehn oder 20 Besteiger eintragen. Wir rechneten nicht damit, in den nächsten Stunden anderen Menschen zu begegnen.

Wir verließen die markierten Wege, schlugen uns durch ein Latschenfeld und steuerten auf eine imposante Felsnase zu: den Sockel des Nordwestgrats der Westlichen Marienbergspitze. Dort pausierten wir erst mal, aßen und tranken, legten Helme und Hüftgurte an. Ich fühlte mich gut, trotz einigem beruflichen und privaten Stress in den Wochen zuvor und trotz eher wenig Schlaf. Ich schlafe selten lang vor Bergtouren – und das nicht nur wegen des zeitigen Aufbruchs. Ich betrachte das als Teil der mentalen Vorbereitung. Mein Geist schaltet in den Abenteuermodus.

Wir inspizierten die sich vor uns auftürmende Felsnase, versuchten, sie durch einen bröckeligen Kamin zu überwinden, kletterten uns fest, setzten neu an und fanden den richtigen Einstieg weiter links. Wir wussten nicht genau, welche Schwierigkeiten uns erwarten. Keiner von uns kannte den Weg. Unsere Route auf die Marienbergspitze war kein markierter, geschweige denn ein angelegter Weg. Man findet Besteigungsberichte im Internet, aber auf die ist nicht unbedingt Verlass. Im brüchigen Kalkstein, aus dem die nördlichsten Züge der Alpen gebaut sind, wandelt sich das Terrain von Monat zu Monat. Eine Stelle, die kürzlich noch leicht zu überklettern war, kann jetzt unüberwindlich sein. Wer auf solche Berge will, muss sich seine Route selbst suchen. Uns macht so etwas Spaß.

Das Klettern ging bestens. Wir bewegten uns sicher durch den Fels. Ich trug wie vereinbart das Seil im Rucksack, bereit, es bei Sturzgefahr herauszuholen. Doch die Schwierigkeiten waren gering. Das Seil blieb im Rucksack. Unsere Anspannung löste sich allmählich. Wir verstiegen uns einmal und fotografierten uns dabei. Wir hatten das Gefühl, die Sache im Griff zu haben. Als sich die Anzeige unserer Höhenmesser der 2500-Meter-Marke näherte, dämmerte uns: Da kommt nichts Unüberwindbares mehr.

Vor uns lag ein leicht ansteigender Felsgrat, links daneben ein Band, schmal zwar, aber breit genug, um darauf zu gehen. Ich ging voran. Rechts neben mir lief die Gratkrone wie ein Handlauf. Links ging es tausend Höhenmeter hinunter in den Talkessel. Ich legte eine Hand vor die andere an den kühlen, trockenen Kalkstein des Grats, machte jedes Mal die Rüttelprobe, wie unzählige Male zuvor in den vergangenen Monaten. Wer einmal den Kalkstein der Nordalpen zwischen Bodensee und Königssee in den Fingern hatte, der weiß, dass man auf diesen Fels nicht bauen kann. Immer mindestens drei Kontaktpunkte am Fels – das ist eine Grundregel in solchem Gestein. Nicht selten löst sich ein Griff oder Tritt. Dann halten immer noch die übrigen zwei Gliedmaßen. Ich legte also die linke Hand vor die rechte und rüttelte. Der Fels löste sich. Aber nicht nur ein Brocken in meiner linken Hand löste sich, sondern ein ganzes Stück des Grats, auch das Stück, mit dem ich mich mit meiner rechten Hand festhielt. Vielleicht hatten die ersten Nachtfröste des Herbstes den Fels gesprengt.

Für einen Augenblick stand ich dort, das herausgebrochene Gratstück in beiden Händen. Meine Begleiter sahen von hinten, wie ich mit den Füßen scharrte. Das Gratstück strebte abwärts Richtung Biberwier. Ich versuchte vergeblich, Stand zu finden, und kippte nach links ins Leere. Das Gratstück und ich stürzten in die Nordflanke der Marienbergspitze. Mein Bewusstsein beobachtete, wie meine Reflexe die Kontrolle über meinen Körper übernahmen. Vor meinen Augen drehte sich Himmel vorbei, dann Fels, dann wieder

Himmel. Ich schlug auf, spürte meinen rechten Arm brechen, stürzte weiter durch die Luft. »Halt dich fest!«, schrie Jakob von oben. Woran?

Ich polterte weiter den Fels hinunter. Ein heftiger Schlag gegen meinen Helm klang in meinem Kopf nach wie in einer Glocke. Ich fragte mich, was mich jetzt noch stoppen sollte vor dem Talboden. Nichts fiel mir ein. Da ging es einfach nur steil hinunter. Es gab keine andere Möglichkeit als diese: immer schneller in die Tiefe stürzen, noch ein paar Mal gegen die Felswand prallen, dabei vielleicht das Bewusstsein verlieren, dann mit tödlicher Wucht in die Geröllfelder dort unten einschlagen.

Es gab doch eine andere Möglichkeit, und sie wurde Wirklichkeit. Ich landete auf einem etwas flacheren Stück im Auslauf einer Schuttreiße, genau auf dem Rucksack und auf meinen Fersen. Nur ein paar Sekunden hatte ich im freien Fall verbracht, vielleicht fünf oder sechs. Aber was ich in diesen Sekunden erlebte, hat mich für immer geprägt. Ich meine nicht den Aufprall und die schlimmen Stunden, Tage und Monate danach. Sondern diese paar Sekunden, in denen ich mir sicher war, gleich zu sterben.

In der Nähe des Todes erleben Menschen seltsame Dinge. Sie verlassen ihren Körper. Längst verstorbene Bekannte treten an ihr Krankenbett. Befreit schweben sie vom Dunkel ins Licht. Dort werden sie erwartet: von ihren verstorbenen Lieben, vom Heiland. Erstaunlich viele von ihnen sind sich hinterher sicher: Da ist noch etwas nach dem Tod.

Auf jeden Fall sind solche Nahtoderlebnisse von Phänomenen begleitet, die nicht ohne Weiteres erklärlich sind. Natürlich oder übernatürlich? Das ist Glaubenssache nach dem Wissensstand von heute. Einige Psychologen und Gehirnforscher halten sie für bloße Halluzinationen. Andere Forscher finden in diesen Erzählungen Details, für die sie sich keine natürliche Erklärung vorstellen können. So berichten Menschen, die aus einem vollständigen Herz-Kreislauf-Stillstand zurückgeholt wurden, von erstaunlichen Erfahrungen. Manche können die Gespräche im Operationssaal wiedergeben, die sie nach allem medizinischen Wissen nicht mitgehört haben können. Manche können die Kleidung eines Menschen beschreiben, der vor ihrer Geburt gestorben ist, oder sie berichten von Ereignissen an Orten, von denen noch keine Kunde zu ihnen gedrungen sein kann.

Wenn das alles Einbildung ist, dann hat sie Methode. Erzählungen von Nahtoderlebnissen haben eine lange Tradition. Schon der griechische Historiograf Plutarch schreibt von einem Mann namens Aridaeus von Soli, der nach einem Sturz »starb« und mit einem aberwitzigen Bericht zurückkam: Er sei in ein anderes Reich gereist und habe dort einen bereits verstorbenen Verwandten getroffen, dem er zuletzt als Kind begegnet sei. Dieser Verwandte gab ihm einen neuen Namen: Thespesius, »der Göttliche« oder »der Wunderbare«. Die Todeserfahrung veränderte Aridaeus so sehr – und zwar zum Guten –, dass er den Namen Thespesius behielt. Wie ihm damals ging es seither vielen, denen Ähnliches widerfuhr: Sie ändern ihr ganzes Leben.

Es war ein ziemlich nüchterner Zustand, in dem ich die Nordflanke der Marienbergspitze hinabpolterte. Man könnte ihn kontemplativ nennen, und obwohl mir damals alles andere als philosophisch zumute war, sage ich jetzt: Es war ein urphilosophischer Zustand. Und das hängt gerade damit zusammen, dass sonst nichts Bemerkenswertes in mir geschah, weder spirituell noch intellektuell. Dass ich nur beobachtete.

Ich hatte keine außerkörperliche Erfahrung, kein Erweckungserlebnis und keine Epiphanie. Ich sah kein Licht am Ende des Tunnels. Überhaupt keinen Tunnel. Ich erlebte die Nähe des Todes bei klaren Sinnen und ganz und gar diesseitig. Die Wucht jener Sekunden drückte allerdings eine schlichte Erkenntnis, die ich bisher in einem gut umzäunten Gehege gehalten hatte, bis in meine hintersten Hirnwindungen: Ich bin sterblich.

Ich hatte keine Angst, dafür war die Zeit zu kurz und ich zu beschäftigt. Sah ich mich in eine neue Seinsform treten? Nein. Im Gegenteil. Ich sah nichts als das Ende. Dieses Gefühl blies alle Überlegungen weg, die ich zuvor darüber angestellt hatte, was in der Nähe des Todes mit einem Menschen geschehen mag.

Ich war nicht einverstanden. Es war kein Überlebensinstinkt, sondern die Überzeugung, dass es nicht richtig ist, jetzt zu sterben und all das noch Mögliche ungelebt zu lassen – nicht richtig im moralischen Sinn. Für Angst hatte ich keine Zeit, für Moral jedoch schon. Meine kleine Tochter kam mir in den Sinn. Ich wehrte mich. Vielleicht kam daher die Kraft, mit der ich mich abfing, als ich auf jenem Absatz über dem Abgrund glücklich auf dem Rucksack landete.

Eines Tages, fragt sich nur, wann, werde ich wieder solche Sekunden erleben, und diesmal werden es wirklich meine letzten sein. Jeder Mensch, der regelmäßig vor die Tür geht, erlebt brenzlige Situationen: Huiuiui, das hätte richtig böse enden können. Auch ich hatte einige solcher Beinahezusammenstöße. Aber dieses Mal war anders. Es war nicht knapp, es war schon so gut wie gelaufen. Diese kurze Erfahrung der intensiven Nähe zum Tod hat mich mehr geprägt als die körperlichen Verletzungen und ihre Folgen, die ich noch bis zum tatsächlichen Ende meines Lebens spüren werde. In jenen Sekunden des Fallens kamen keine sonderlich starken Emotionen in mir auf. Vielleicht war die Zeit zu kurz dafür. Zwar war ich überrascht, aber da war keine Angst, kein Schrecken, keine Panik. Auch keine neuen Erkenntnisse. Die Tatsache, dass ich stürzte, war in ihrer Gewalt schlicht.

Der amerikanische Neurowissenschaftler David Eagleman hat Menschen befragt, die ähnliche Situationen durchlebt haben, die zum Beispiel mit dem Motorrad über eine Klippe stürzten oder auf eisiger Fahrbahn auf einen Sattelschlepper zuschlitterten. »Einige berichteten über ein panoramisches Gedächtnis«, sagt Eagleman, »es schien ihnen, als stünden ihnen alle Erinnerungen ihres Lebens zugleich vor Augen.« Das ist etwas anderes als der berühmte Film, der einem angeblich vor den Augen vorbeizieht, wenn man den Tod kommen wähnt. Man blickt stattdessen wie aus der Vogelperspektive auf sein Leben. So erlebte auch ich es. Es war ein Zustand, der sich ganz und gar neu anfühlte. Im Glauben, dass es gleich vorbei sei, sah ich mein Leben umgrenzt, es lag als Ganzes vor mir. Ich steckte nicht mehr drin, ich trat aus ihm zurück.

Eine Beschreibung des panoramischen Gedächtnisses findet sich in den *Bekenntnissen eines englischen Opiumessers* von Thomas De Quincey: »Eine nahe Verwandte erzählte mir einmal, daß, als sie in ihrer Kindheit in einen Fluss gefallen und an der Schwelle des Todes gelegen sei, sie in einem Augenblick ihr ganzes vergangenes Leben wie in einem Spiegel vor sich gesehen habe, und das bis in die kleinsten Einzelheiten. Zu gleicher Zeit habe sie die Fähigkeit verspürt, auf einmal jeden Teil einzeln und das Ganze zu umfassen.« Der englische Medizinhistoriker William Munk zitiert in seinem Buch *Euthanasia or Medical treatment in the Aid of Easy Dying* von 1887 den Admiral Sir Francis Beaufort, der als Seekadett beinah ertrunken wäre, als er im Hafen von Portsmouth über Bord eines Schiffs gegangen war: »Meine ganze bisherige Lebenszeit erschien wie in einem Panoramabild vor meinen Augen, und jede Handlung schien von einem Bewusstsein begleitet, ob sie recht oder unrecht gewesen war, bzw. von einer Überlegung über ihre Ursachen und Folgen; ja, viele unbedeutende Vorfälle, die ich längst vergessen hatte, tauchten wieder vor mir auf, so nah und deutlich, als seien sie eben erst geschehen.«

Woher kommt die Philosophie? Woraus im Menschen entspringt sie? Darauf gaben verschiedene Denker ganz unterschiedliche Antworten. Platon und Aristoteles sahen den Ursprung der Philosophie im Staunen. Das Staunen sei »der Zustand eines gar sehr die Weisheit liebenden Mannes«, lässt Platon seinen Lehrer Sokrates in seinem späten Dialog mit Theaitetos sagen, und sein Musterschüler Aristoteles pflichtet ihm bei: »Staunen veranlasste zuerst – wie noch heute – die Menschen zum Philosophieren.«

René Descartes, der Rationalist und radikale Skeptiker, hielt wenig vom Staunen, aber viel vom Zweifeln. Der Zweifel war das einzig Verlässliche für ihn und das Fundament seiner Philosophie. Denn bei allem Zweifel lässt sich eines nicht bezweifeln: der Zweifel eben und damit der Zweifler. So führte ihn sein Gedankenversuch »Ich bezweifle, dass ich bin« weiter zum Gedanken »aber gewiss ist, dass ich denke« und schließlich zu seinem berühmten »Ich denke, also bin ich«.

Ich staune gern und zweifle viel. Aber nicht im freien Fall. Mein Verstand tat wenig in jenen Sekunden. Mein Kopf war frei für einen Zustand reinen Erlebens. Karl Jaspers, der Existenzphilosoph, hätte zu diesem meinem Zustand vielleicht wissend genickt. »Es gibt Situationen, die in ihrem Wesen bleiben«, sagte er im Jahr 1950 in einem Radiovortrag, »auch wenn ihre augenblickliche Erscheinung anders wird und ihre überwältigende Macht sich in Schleier hüllt: Ich muss sterben, ich muss leiden, ich muss kämpfen, ich bin dem Zufall unterworfen, ich verstricke mich unausweichlich in Schuld.«

Grenzsituationen nennt Jaspers solche »Grundsituationen unseres Daseins«, und er sieht in ihnen einen tieferen Ursprung der Philosophie als im Staunen und Zweifeln. Denn in Grenzsituationen begegnen uns die wirklich großen Dinge: »dass wir sterben müssen, unser Schuldigsein, unser Preisgegebensein an den Zufall«. Im bloßen Dasein vergessen wir diese Dinge lieber, sagt Jaspers, wir weichen vor ihnen aus, indem wir die Augen schließen und leben, als wären sie nicht da. Wir lassen uns von unseren Daseinsinteressen treiben, wir planen und handeln.

Grenzsituationen reißen uns aus dem gedankenlosen Zutrauen in die eigene Kraft und setzen uns mit unverschleierter Gewalt dem Schmerz und der Ohnmacht aus. Damit beginnt die Philosophie, sagt Jaspers. In Grenzsituationen erfahren wir »die Unzuverlässigkeit allen Weltseins«, sagt er, »wir werden wir selbst in einer Verwandlung unseres Seinsbewusstseins«. Um Bewusstsein geht es, nicht um Wissen. Natürlich wusste ich, dass ich sterblich und fehlbar bin. Aber Wissen und Erleben sind zweierlei.

Was in mir aufkam, als ich dort lag, mit all den Prellungen, Schürfungen und Brüchen, muss jene Verlorenheit gewesen sein, in der Jaspers einst »einen Zeiger über die Welt hinaus« erkannte. Ich war ein zweites Mal überrascht, diesmal darüber, doch noch am Leben zu sein. Aber ich konnte mich keinen Zentimeter bewegen, ohne zu riskieren, weiter abzustürzen. Mein rechter Arm war zertrümmert, er fühlte sich an wie Gummi. Wenn mir jetzt niemand hilft, dann sterbe ich hier, dachte ich.

Es half mir jemand. Heike und Jakob alarmierten per Handy die Bergrettung. Sie riefen mir regelmäßig etwas zu, um zu verhindern, dass ich das Bewusstsein verlor. Ich weiß nicht genau, wie lang ich dort lag und wartete, vielleicht 20 Minuten, vielleicht eine Stunde. Dann hörte ich das Knattern eines Hubschraubers. Es kam immer näher – und entfernte sich wieder. Die Retter suchten uns am falschen Berg. Jakob rief noch einmal an. Der Hubschrauber kam herüber zur Marienbergspitze und begann an deren Gipfel eine Abwärtsspirale. Endlich sahen sie uns. Der Hubschrauber kam heran, so nah, dass ich dem Piloten ins Gesicht sehen konnte – und drehte wieder ab. Nach ein paar Minuten kam er zurück. Er hatte den Notarzt auf dem Grassattel mit der Kapelle abgesetzt. Unter dem Hubschrauber hing nun ein Retter an einem Seil. Der Hubschrauber näherte sich der Wand, der Retter schwebte heran, ganz langsam. Ich grüßte ihn mit der linken Hand, die ich noch bewegen konnte, er landete direkt zu meinen Füßen, grüßte zurück und reichte mir meine Sonnenbrille, die dort irgendwo lag. Er nahm einen Karabiner und klinkte ihn an meinem Hüftgurt ein. Dann entschwebten wir gemeinsam. Es war kalt, als wir so ungeschützt durch die herbstliche Bergluft flogen, doch ich war gerettet, und die Aussicht war großartig. Ich genoss den Flug. Bis zur schmerzhaften Landung auf der Almwiese, auf der mich der Notarzt erwartete. »Jetzt gibt's sechs Halbe Bier«, sagte er, zückte eine große Spritze und schoss mir eine hohe Dosis Schmerz- und Beruhigungsmittel in die Adern. Er hatte nicht übertrieben.

Nur schemenhaft, wie nach einem starken Alkoholrausch, erinnere ich mich, aus dem Hubschrauber ins Klinikum Garmisch gebracht worden zu sein. Einzelne Fetzen aus Gesprächen mit Ärzten sind mir in Erinnerung geblieben und mein starkes Verlangen nach einer Vollnarkose, um von diesen Schmerzen erlöst zu werden. Aber bis dahin musste ich mich noch einige Minuten gedulden. Ich wurde als Polytrauma eingestuft: mehrere schwere Verletzungen an verschiedenen Körperteilen mit Verdacht auf Lebensgefahr. Das bedeutet, dass ich die sogenannte Traumaspirale durchlaufen musste: Mein Körper wurde mit einem Computertomografen durchleuchtet, Millimeter für Millimeter von Kopf bis Fuß. Dann endlich: das ersehnte Nichts.

Das Nächste, an das ich mich erinnere, sind die Bäche, die durch mein Zimmer auf der Intensivstation plätscherten. Zumindest bildete ich mir im Narkosedelirium ein, es seien Bäche. Tatsächlich war es die Beatmungsmaschine, die dafür sorgte, dass genug Sauerstoff durch meinen Körper flutete. Der Sauerstoff blubberte durch ein Wasserbad in einen Schlauch, der zu einer Sonde in meiner Nase führte. Dort lag ich und konnte kaum mehr tun als den Kopf etwas drehen und mit der linken Hand einen Ball drücken, worauf sofort Schwester Swetlana neben meinem Bett stand.

Besonders schmerzhaft waren die vergleichsweise harmlosen Muskelprellungen. Prellungen hatte ich reichlich gehabt in meinem Leben. Aber diese waren anders. Bei der kleinsten Zuckung meiner Oberschenkelmuskulatur schlug der Schmerz ein wie ein Blitz. Dagegen spürte ich wenig von der Operationswunde, die sich von oben bis unten über die Rückseite meines rechten Oberarms zog, zusammengetackert mit Heftklammern, wie sie auch in jedem Büro zu finden sind. Mein rechter Oberarm war in acht Teile zerbrochen. Die Unfallchirurgen hatten ihn in einer dreistündigen Operation wieder zusammengesetzt und mit einer 23 Zentimeter langen Titanplatte, zwei Bändern und unzähligen Schrauben stabilisiert. Dann wollten sie nicht riskieren, mich noch länger unter Narkose zu halten. Deshalb griffen sie zum Tacker statt zu Nadel und Faden. Es war wohl gut, dass ich die Reihe von 50 Heftklammern erst ein paar Tage später zu Gesicht bekam.

Nach einigen Stunden kam ein Mann ins Zimmer und begann, sich mit mir zu unterhalten. »Ich bin sehr zufrieden«, sagte er. Ich kannte ihn nicht. Oder erkannte ich ihn nur nicht? Ich wusste ja, dass ich immer noch hohe Konzentrationen an Psychopharmaka im Stoffwechsel hatte. Es dauerte einige Minuten, bis ich verstand: Er war der Chirurg, der meinen Arm operiert hatte. Er war zufrieden damit, das Knochenpuzzle wieder zusammengesetzt zu haben. Thomas Klier war sein Name, erfuhr ich später. Er flickt auch viele der Motorradfahrer zusammen, die aus den Kurven der oberbayerischen Landstraßen fliegen. Wann immer ich anderen Chirurgen die Röntgenbilder meines operierten Arms zeige, zeigen sie Respekt vor der Puzzlekunst des Dr. Klier. Er hat meinen rechten Arm gerettet.

Ich drückte den Ball und bat Schwester Swetlana um etwas zu essen. Nein, das dürfe ich noch nicht. Dort lag ich also mit abgeschürfter Haut, geprellten Muskeln und gebrochenen Knochen, mit all den Kabeln und Schläuchen, gewaltig hungrig, künstlich beatmet, mit Blasenkatheter und Venentropfen links und rechts – und war glücklich.

Zuerst vermutete ich, das Wohlgefühl käme von den Psychopharmaka. Aber es blieb, auch als die Wirkstoffe sich aus meinem Stoffwechsel verflüchtigten. Ich freute mich über jeden Augenblick meines Lebens. Über die Besuche meiner Familie und Freunde – ich freute mich, sie zu sehen. Ich freute mich einfach so, über jeden Augenblick meines Lebens in diesem fensterlosen Intensivzimmer. Schwester Swetlana kam mit dem Frühstück. Sie schmierte Butter auf eine Semmel und hielt sie mir an den Mund. Es schmeckte herrlich.

Ich wurde in ein normales Zimmer verlegt. Ein paar Tage später konnte ich aufstehen und vorsichtig herumlaufen. Zuerst ins Bad, dann hinaus auf den Gang, dann ganz hinaus in den Krankenhausgarten. Es war ein wunderbarer November. Die Sonne ließ die Berge des Zugspitzmassivs erstrahlen. Ich saß auf einer Bank und ließ mich von ihr wärmen. Ich fragte mich: Wie konnte ich das bisher für selbstverständlich nehmen? Warum saß ich bisher nie in der Sonne und schloss die Augen, um ihre Strahlen zu spüren?

Das Leben kam mir vor wie ein Geschenk. Es mag vermessen klingen, aber die Situation hatte tatsächlich einen Hauch von Wiederauferstehung. Die meisten Besucher waren erleichtert, mich in vergleichsweise gutem Zustand vorzufinden. »Ab jetzt feiern wir zweimal im Jahr deinen Geburtstag«, sagte meine Mutter, als wir bei einem Bier im Krankenhausgarten saßen, »einmal am 4. Mai und einmal am 1. November.«

Meine rechte Hand war gelähmt. Ich spürte sie noch, aber sie folgte meinen Kommandos nicht mehr. Nicht einmal das störte mich zunächst. Wird schon wieder werden. »Das Polytrauma vom Marienberg«, wie das Krankenhauspersonal mich nannte, wandelte mit einem Lächeln durch die Gänge. Es war wohl das Gefühl, von dem auch Überlebende von Flugzeugabstürzen berichten. Ein bisschen so, wie es Jeff Bridges in *Fearless – Jenseits der Angst* spielt. Jedes Erlebnis bekommt eine Intensität, die vorher höchstens ahnbar war. Als hätte jemand einen Schwarz-Weiß-Film auf Farbe umgeschaltet.

Eines Tages kam ein Arzt ins Zimmer, begrüßte mich mit Handschlag und meinem Namen, begann mit mir zu sprechen wie mit einem Bekannten. Wie den Chirurgen nach der OP erkannte ich auch ihn nicht. Er wusste so seltsam viel über mich. Über mein Leben, meinen Beruf, meine Bergsteigerei. Woher? Ich wunderte mich mehr und mehr und fragte ihn schließlich. »Ich hatte gerade Notfalldienst, als Sie eingeliefert wurden«, sagte er. Ich musste lange mit ihm gesprochen haben. Doch mir fehlte jede Erinnerung daran.

Die Freude darüber, ein Leben geschenkt bekommen zu haben, blieb mir. Doch die Euphorie verebbte. Ich kam aus der Klinik nach Hause. Da war es vorbei mit der Rundumversorgung durch die Pflegerinnen und Pfleger. Ich lebte damals allein in einer Wohnung und war immer überaus bedacht auf meine Unabhängigkeit in Haushaltsdingen gewesen. Nun musste ich meinen Alltag ganz neu organisieren. Meine Wohnungstüre bekam ich nicht ohne fremde Hilfe auf. Brot schnitt ich, indem ich mich mit dem Laib, dem Brett und dem Brotmesser auf den Küchenboden setzte, den Laib zwischen die Fußsohlen klemmte und mit der linken Hand sägte. Eines kalten Wintertages kam ich heim und konnte den Reißverschluss meiner Jacke nicht öffnen. Ich musste wieder hinaus auf die Straße und jemanden um Hilfe bitten. Ich erwischte ausgerechnet einen Mann, der ebenfalls ein Nervenleiden hatte. Aber er war hilfsbereit und gab sein Bestes. Zitternd und zuckend griff er nach meinem Reißverschluss. Er musste sich mühen. Er schaffte es.

Es war eine Zeit der Ungewissheit. Meine Sorge war groß, dass die Hand für den Rest meines Lebens gelähmt bleiben würde. Niemand konnte mir sagen, wie meine Heilungschancen stünden. Kurz vor Weihnachten 2011 maß ein angesehener Neurologe im Klinikum Großhadern vor seinen versammelten Studenten die Signale der Nervenbahnen, die früher meine Hand bewegt hatten. Er fand nichts zu messen. Er verkündete seinen Studenten: »Es ist fraglich, ob da noch was kommt.« Die Studenten schauten betreten. Das war der Tiefpunkt.

Monatelang machte ich täglich Physiotherapie und Ergotherapie, ohne dass eine Verbesserung zu erkennen war. Meine Übungen bestanden darin, mir Bewegungen vorzustellen. Ausführen konnte ich die Bewegungen nicht. Eines Tages, nach ein paar Monaten, ging ein leises Zucken durch meine Hand. Wenn ich all meinen Willen zusammennahm, konnte ich sie ein winziges Stück heben. Ich übte weiter. Schritt für Schritt eroberte ich meine Hand zurück. Zuerst lernte ich, das Handgelenk zu strecken, dann die Finger, einen nach dem anderen. Zuerst den Zeigefinger, zuletzt den Daumen. Ich übe heute noch immer. Ich kann meine Hand beinah so gut bewegen wie früher. Ich kann mir die Schuhe binden – und vor allem kann ich schreiben, mit dem Stift und mit der Tastatur.

Am 27. Mai 2012, knapp sieben Monate nach dem Absturz, ging ich zum ersten Mal wieder in die Berge. Wieder mit Heike und Jakob. Wir stiegen durch Wälder und Latschen auf, rutschten Schneefelder und Schuttkare hinunter. Zum ersten Mal nach dem Absturz, ganz vorsichtig, legte ich wieder Hand an Nordalpenkalk. »Schutzengeltour Marienbergspitze«, schrieb Jakob in die Gipfelbücher des Zwölferköpfl und der Hohen Kisten im Estergebirge bei Eschenlohe. Ich hoffe, dass mein Schutzengel mich künftig nicht mehr dienstlich in die Berge begleiten muss. Sondern nur noch, weil er selbst gern wandert.

4 Der Tod ist ein Philosoph

Warum viele Menschen zwar wissen, dass sie sterben müssen – aber nicht daran glauben können

Es war ein merkwürdiger Widerspruch in der Erscheinung, in der mir der Tod gegenübertrat, als ich von der Marienbergspitze fiel: einerseits wie ein alter Bekannter, dem ich zufällig dort oben begegnete; andererseits wie ein Monster mit grenzenloser Macht, das mir alles rauben wollte, was mir wertvoll ist. So gewaltig stand er vor mir und so banal. »Ach so, ja klar, der Tod«, dachte ich und war gleichzeitig furchtbar erschrocken über ihn. Wie passt das zusammen? Darauf gibt es keine einfache Antwort. Der Tod ist nun mal beides, selbstverständlich und unfassbar. Ungefähr 93 Prozent aller Menschen, die bisher geboren wurden, sind gestorben, und wenn kein Wunder geschieht, werden auch wir, die übrigen 7 Prozent, sterben müssen. Wer wollte das bestreiten? Und doch ist es eine Ungeheuerlichkeit. Sich eine Welt vorzustellen, in der man selbst nicht mehr ist, das halten auch sehr vorstellungsbegabte Leute für unmöglich. Ich, ausgelöscht? Nicht mehr fühlen, nicht mehr denken, nichts mehr erleben – gar nichts mehr? Unvorstellbar! Andere mögen sterben, aber mich wird es weiter geben.

Ich bin keineswegs der Erste, der sich über das Vexierbild des Todes wundert. Der bereits erwähnte Philosoph Stephen Cave nennt es das »Paradox der Sterblichkeit«: »Einerseits kommt unser mächtiger Verstand unweigerlich zu dem Schluss, dass wir, wie alle anderen lebenden Wesen um uns, eines Tages sterben müssen. Andererseits jedoch ist gerade die Nicht-Existenz die eine Sache, die unser Geist sich nicht vorstellen kann; er ist buchstäblich unfassbar. Der Tod erweist sich somit als zugleich unvermeidlich und unmöglich.« Ein Paradox ist ein scheinbarer Widerspruch, und Philosophen mögen Paradoxien, weil sie ihnen zeigen, dass es unter der Oberfläche etwas Tieferes zu verstehen gibt.

Nur wir Menschen wissen um unsere eigene Sterblichkeit, das ist unser Privileg vor anderen Tieren. Doch dieses Wissen hat seinen Preis. Das Paradox der Sterblichkeit ist der Fluch, den der Segen unseres Intellekts mit sich bringt. Der bequeme Weg, dem Paradox zu entkommen, ist, es einfach stehen zu lassen und anderswohin zu schauen. So wie der amerikanische Schriftsteller Henry Miller einmal sagte: »Das Ziel des Lebens ist, zu leben. Nicht warum und wofür.« Der bequeme und damit übliche Weg aber löst das Paradox nicht auf. Und das ist vielleicht auch gut so, denn das Paradox der Sterblichkeit hat die Menschheit immens vorangebracht, sagt Cave: Die Spannung, die es erzeugt, sei die Energiequelle, die unsere Zivilisation befeuert.

Paradoxien haben unterschiedliche Grade der Widerspenstigkeit. Manche lösen sich von selbst, wenn man nur näher hinsieht. Und dieses? Klopfen wir es ab: Ist es wirklich unvorstellbar, dass ich sterbe? Da sind die großen Denker uneins. Sigmund Freund und Johann Wolfgang von Goethe bekannten, sich ihren eigenen Tod nicht vorstellen zu können. Am 19. Oktober 1823 erklärte der Geheime Rat dem Kanzler von Müller, es sei »einem denkenden Wesen durchaus unmöglich, sich ein Nichtsein, ein Aufhören des Denkens und Lebens zu denken«. Sigmund Freud war gleicher Meinung. Niemand könne sich seinen Tod vorstellen, erklärte er, das sei prinzipiell unmöglich. Denn beim Versuch, sich den eigenen Tod vorzustellen, sei man selbst ja stets noch als Zuschauer mit vorgestellt. Es sei schlicht unmöglich, sich selbst wegzudenken. »Im Grund glaube niemand an einen eignen Tod«, schrieb Freud, »oder, was dasselbe ist: Im Unbewussten sei jeder von uns von seiner Unsterblichkeit überzeugt.« Das ist das große Paradox des Todes: einerseits unausweichlich, andererseits unvorstellbar.

Andere Denker jedoch fanden nichts dabei, sich ihren Tod vorzustellen. Lukrez befand in seinem Lehrgedicht *De Rerum Natura*, es sei nicht schwieriger, sich seine Nichtexistenz nach dem Tod vorzustellen als jene vor der Geburt: Tot sein sei »grade so, als wären wir nimmer geboren«. Viele spätere Denker folgten ihm darin, unter ihnen Michel de Montaigne und Arthur Schopenhauer. Auch David Hume sah es so und folgerte daraus, dass die Vorstellung, tot zu sein, genauso wenig beängstigend sei wie die Vorstellung, noch nicht geboren zu sein. Als sein Freund James Boswell ihn auf dem Totenbett fragte, ob der Gedanke an seine Vernichtung ihn schrecke, winkte er entspannt ab: »Nicht im Geringsten.«

Für Lukrez und Hume gäbe es da keinen Widerspruch. Sie würden die Gegenseite des Paradoxes der Sterblichkeit nicht anerkennen. Für sie ist der Tod schlicht die Umkehrung der Geburt, die Rückkehr in das Nichts, aus dem man sowieso kam, nichts Neues also und nicht rätselhaft. Da kann ich ihnen allerdings nicht zustimmen. Der Tod kann nicht einfach das Spiegelbild der Geburt sein, denn er ist die reine Zwangsläufigkeit, sie ist der pure Zufall. Auf einmal ist man da, nachdem man für Äonen nicht da gewesen war. Eine Laune des Universums. Hätten die Eltern den Zeugungsakt nicht vollzogen oder nur um eine Winzigkeit anders – eine etwas andere Stellung, ein etwas anderer Winkel, ein paar Sekunden früher oder später –, dann wäre keine Samenzelle zur Eizelle vorgedrungen oder eine andere. Für uns Menschen ist gerade der Gedanke, dass jeder von uns ein Riesenzufall ist, schwer zu ertragen. Die Vorstellung, aus keinem speziellen Grund entstanden zu sein, mag uns also unbehaglich sein, aber sie hat keinen Widerspruch in sich. Es gibt kein Paradox der Geburt – das Paradox der Sterblichkeit hingegen bleibt.

Wer hat nun recht, die Goethe-Freud-Fraktion oder die Lukrez-Hume-Fraktion? Machen wir den Praxistest: Versuchen wir, uns unseren eigenen Tod vorzustellen. Stellen Sie sich also Ihr eigenes Begräbnis vor. Wenn ich es tue, sehe ich einen Friedhof mit offenem Grab, einen Priester und einige nicht näher bestimmte Leute drum herum. Ich sehe es von schräg oben. Kinderleicht! Verdächtig leicht. Spielen wir noch etwas weiter mit unserer Vorstellungsgabe. Stellen Sie sich Ihre Familie beim Abendessen vor, während Sie auf Reisen sind. Wenn ich es mir vorstelle, sehe ich meine Familie zu fünft am Küchentisch sitzen, wieder von schräg oben. Ich scheine also mit in der Küche zu sein. Aber bin ich nicht auf Reisen? Ebenso wie beim eigenen Tod scheint die Vorstellung eines Abendessens, bei dem man selbst nicht zugegen ist, in sich widersprüchlich zu sein: Man ist da und nicht da. Demnach könnten wir uns also überhaupt kein Ereignis vorstellen, bei dem wir nicht anwesend sind, egal, ob tot oder nicht. Eine absurde Folgerung!

Was ist da los? Wenn man den vermeintlichen Widerspruch »da und nicht da« genauer betrachtet, erkennt man, dass er so widersprüchlich gar nicht ist. Da sein und nicht da sein, das geht, wenn »da sein« nicht gleich »da sein« ist. Es geht um zwei verschiedene Arten der Anwesenheit in einer Vorstellung: zum einen die obligatorische Anwesenheit des Vorstellenden – irgendwer muss ja da sein, der die Vorstellung hervorbringt; zum anderen die Anwesenheit der vorgestellten Personen. Das eine ist der aktive Part der Vorstellung, das andere der passive Part. Die Argumentation von Goethe und Freud ignoriert diese beiden Parts. Klar kann ich mir ein Abendessen vorstellen, bei dem ich nicht im Raum bin. Dann bin ich zwar als Vorstellender anwesend – wie auch anders? –, aber nicht als Vorgestellter. Ebenso muss ich mir eine Welt vorstellen können, in der ich tot bin. Auch wenn mir diese Vorstellung nicht recht behagt, sie scheitert nicht aus den Gründen, die Goethe und Freud gegen sie anführten.

1:0 für Lukrez und Hume. Aber Goethe und Freud können kontern: Der Tod ist nicht einfach eine Szene, in der ich nicht vorkomme. Der Tod ist überhaupt keine Szene mehr. Der Tod ist das totale Nichts. Und das Nichts ist, das können auch Lukrez und Hume nicht bestreiten, wirklich eine harte Nuss für die Phantasie. Vielleicht ist das auch der Grund, warum niemand davon träumt, tot zu sein. Todesträume brechen stets kurz vor dem Tod ab. Da resigniert selbst das sonst so einfallsreiche Traumbewusstsein.

Die Perspektive von schräg oben auf mein Begräbnis ist vermutlich nicht die Perspektive, die ich als Toter auf das Geschehen haben werde. Wie also ist es, tot zu sein? Erproben wir unsere Vorstellungskraft daran! Schließen wir die Augen, verstopfen wir die Ohren, versetzen wir uns im Geiste nach und nach in unsere dereinstige Perspektive. Oder besser: Nichtperspektive. Nichts mehr denken, nichts mehr fühlen, nichts mehr wahrnehmen. Denken wir uns alle Menschen weg, alle Bäume und Häuser, Himmel und Erde. Alles Licht, alle Sterne sind ausgeknipst. Eine kalte, dunkle Leere – nein, nicht einmal kalt oder dunkel darf es sein. Das absolute Nichts. Oder? Leider nicht. Da ist immer noch etwas. Nämlich ich. Wo ich bin, kann es nicht völlig leer sein. Leider scheitere ich kurz vor dem absoluten Nichts an mir selbst. Versuch gescheitert, so scheint es. Der französische Philosoph Henri Bergson unternahm Anfang des 20. Jahrhunderts einen ähnlichen Versuch, sich das völlige Nichts vorzustellen – und erklärte ihn für misslungen. Sosehr er sich auch mühte, das nackte Nichts freizulegen, sein eigenes Bewusstsein konnte er nicht ausknipsen. Also schloss er: Das absolute Nichts ist unmöglich. Und als erfreuliches Nebenresultat hatte Bergson sich bewiesen, dass er selbst notwendigerweise existiert. Andere Denker stießen beim Vorstoß zum Nichts auf andere hartnäckige Überbleibsel, zum Beispiel auf den leeren Raum oder auf den bestehenden Sachverhalt, dass nichts existiert. Wie Bergson folgerten sie: Das Nichts gibt es nicht. 1:1, Ausgleich für Freud und Goethe. Allerdings ist der Ausgleichstreffer mit fragwürdigen Mitteln gefallen: Das Nichts soll es nicht geben, weil wir es uns nicht vorstellen können? Das ist ein gefährliches Argument. Es ist ein Fall jener Denkfigur, die manchmal »philosophischer Fehlschluss« genannt wird: Was unvorstellbar ist, das ist unmöglich. Die Welt wäre arm, wenn dieser Schluss stets gälte.

Das Nichts. Wieder so ein Begriff, der einen trifft wie ein Boxhandschuh ins Gesicht. Die Philosophen haben ausgiebig über das Nichts nachgedacht, mehr als zweieinhalb Jahrtausende lang, und sie sind, wie könnte es anders sein, zu keinem klaren Ergebnis gekommen. Vor 2500 Jahren warnte Parmenides von Elea seine Leser vor der Beschäftigung mit dem Nichts, da es sich weder erkennen noch aussprechen lasse. In den 1930er-Jahren sah es der Österreicher Rudolf Carnap, der Begründer des logischen Positivismus, ähnlich wie Parmenides. Der Ausdruck »das Nichts« gaukele vor, da sei etwas. Da sei aber nichts. Aussagen, die »das Nichts« als Subjekt oder Objekt haben, seien mithin sinnlos.

Aber irgendwas muss doch los sein mit dem Nichts? Nein, es ist nichts los mit dem Nichts. »Das Nichts ist«, setzte Martin Heidegger an, aber schon das ging ihm zu weit, weil ja nur das Seiende ist und das Nichts nichts Seiendes ist. Also kam Heidegger zu seinem berühmten Satz: »Das Nichts nichtet.« Das klingt zwar nichtssagend – aber gerade das soll es ja! Es liegt nicht an Heidegger, dass er bei diesen Grundfragen des Seins und Nichtseins mit der Sprache zu kämpfen hat, es liegt an der Sprache, die dafür geschaffen ist, über Dinge zu reden, und nicht dafür, über nichts zu reden. Daher begann Heidegger, sich seine eigene Sprache zu schaffen, um über das Sein und das Nichts reden zu können. So kam er zu solch seltsamen Sätzen.

Was genau Heidegger mit dem neu geschöpften Verb »nichten« meinte, weiß ich leider nicht. Jedenfalls ist es ausschließlich das Nichts, das nichtet. Etwas, das nicht nichts ist, kann nicht nichten. Zudem scheint nichten ziemlich zerstörerisch zu sein: Der stark von Heidegger beeinflusste französische Philosoph Jean-Paul Sartre sah die Welt, in der wir leben, wie eine Insel im gewaltigen Meer des Nichts, in dem sie ständig zu versinken drohte. »Das Nichts sucht das Sein heim«, schrieb Sartre in *Das Sein und das Nichts*, seinem philosophischen Opus magnum. Der Roman *Die unendliche Geschichte*, in dem Michael Ende vom Reich Phantásien erzählt, in das sich das Nichts immer weiter hineinfrisst, liest sich wie eine Ausmalung jenes Satzes von Sartre. Auch für Sartre sickert das Nichts ständig in unsere Welt und lässt uns leiden. Man stelle sich Sartre vor, wie er in seinem angestammten Café de Flore am Pariser Boulevard Saint-Germain sitzt und auf Pierre wartet, einen Freund, mit dem er verabredet ist. Ringsum klirren die Weingläser, das Geschirr klappert, es wird geredet, gerufen, gelacht und geraucht. Aber keine Spur von Pierre. Et voilà! Das Nichts hat zugeschlagen. In der Fülle des Lebens hat sich eine kleine Blase néant gebildet. Solche Blasen sind nicht selten. Unbesetzte Stellen und leer stehende Gebäude werden sogar in Zeitungen annonciert.

Für den Schweizer Theologen Karl Barth war das Nichts das Böse schlechthin. »Das Nichtige ist das, was Gott nicht will«, schrieb er. »Nur davon lebt es, daß es das ist, was Gott nicht will.« Das Nichtige entstand sozusagen zwangsläufig im Schatten mit, als Gott die Welt schuf. Das Etwas und das Nichtige sind für Barth wie Zwillinge, unzertrennlich, aber verfeindet und von entgegengesetztem moralischen Charakter. Das Nichtige ist das, was den Menschen immer wieder von der göttlichen Güte abbringt. Daher hielt Barth das Nichtige für schlichtweg böse.

Der Tod und das Nichts: ein unheimliches Paar. Im Angesicht des Todes leert sich der Geist. Nicht aus Reue über all das Gute und Schöne, das jetzt ungelebt bleibt, sondern wegen der totalen Leere, die vor ihm liegt, in der er sich für immer verlieren wird. In dieser Leere gibt es kein Hier mehr, kein Dort mehr, nichts ist mehr wahr oder falsch. Der Schrecken vor dieser Leere, der Horror Vacui schlechthin, ist der größtmögliche Schrecken. Es gibt kein Mittel gegen ihn, außer anderswohin zu schauen. Für Max Scheler nimmt an diesem Schrecken die Philosophie ihren Beginn: »Wer gleichsam nicht in den Abgrund des absoluten Nichts geschaut hat, der wird auch die eminente Positivität des Inhalts der Einsicht, daß überhaupt Etwas ist und nicht lieber Nichts, vollständig übersehen.« Erst mit dem Nichts vor Augen kann man sich so richtig darüber freuen, dass es überhaupt etwas gibt.

Klar, die Welt geht auch ohne mich weiter, daran werden die wenigsten Menschen zweifeln. Und doch ist da eine Barriere, die mich daran hindert, mir die Welt ohne mich vorzustellen. Zu all meinem Erleben und Vorstellen gehört, dass ich es erlebe und mir vorstelle. Ohne mich kenne ich die Welt und meine Vorstellungen über sie nicht. Ich weiß, dass es ohne mich geht, aber ich kann es mir nicht vorstellen. Aus dieser Spannung zwischen klar und unvorstellbar ging, so vermute ich, die idealistische Philosophie hervor, die die Welt im Verhältnis zwischen dem erkennenden Subjekt und der nicht unabhängig von diesem Subjekt existierenden Außenwelt dachte. Am weitesten trieb es der irische Bischof George Berkeley mit seinem »Esse est percipi« – sein ist wahrgenommen werden. Erstaunlicherweise geben ihm viele Physiker von heute recht. Nach der Kopenhagener Deutung der Quantenmechanik werden Objekte erst dann wirklich, wenn jemand sie beobachtet. Beide, Berkeley und die Quantenmechaniker, würden sagen, dass der Mond nur dann da ist, wenn ihn jemand betrachtet. Ein ziemlich seltsamer Gedanke, bei dem man auf der Flucht vor dem Nichts landet. Die Unvorstellbarkeit des Todes, von der Goethe und Freud reden, ist in Wirklichkeit die Unvorstellbarkeit des Nichts, vermute ich. Meine Welt, das ist die Welt, wie ich sie wahrnehme und mir vorstelle. Mit dem Tod ist das alles futsch.

Aus der Perspektive dessen, der ich jetzt bin, ist der Tod wahrlich schrecklich und unvorstellbar. Aber auf große Dinge gibt es oft verschiedene Blickwinkel, aus denen sie ganz unterschiedlich aussehen. Und der Tod ist ein gewaltiges Ding. Aus der Lukrez-Hume'schen Perspektive ist der Tod das Selbstverständlichste der Welt. Aus der Goethe-Freud'schen Perspektive wirkt er ungeheuerlich. Beide haben aus ihrer Sicht recht. Das Unentschieden ist ein faires Ergebnis. Dass der Tod von verschiedenen Seiten so verschieden aussieht, macht ihn so schwer zu fassen. Als ich die Westflanke der Marienbergspitze hinunterstürzte, sah ich beide Seiten des Todes.

Eine Lösung des Paradoxes der Sterblichkeit bestünde darin, beide Perspektiven zu versöhnen, sie in einer umfassenden Perspektive zusammenzuführen. Das ist keine kleine Aufgabe. Ich kann nicht behaupten, die Lösung zu kennen. Lukrez und Hume sahen den Tod von außen. So betrachtet, ist mein Tod ein Tod wie jeder andere: Routine im Lauf der Welt. Goethe und Freud sahen den Tod von innen – daher war er für sie keine Größe unter vielen, sondern größer als alles: das Ende des Weltlaufs. Natürlich kann sich kein Mensch aus der eigenen Innenperspektive vorstellen, nicht mehr da zu sein, nicht einmal einen Augenblick, beispielsweise weil er betäubt wird oder in tiefen Schlaf fällt. Denn diese Innenperspektive gehört zum eigenen Dasein. Aber der

Mensch kann sich auch aus der Außenperspektive betrachten. Im Geiste kann er sich selbst tief schlafend im Bett liegen sehen. Oder im Sarg bei seiner eigenen Beerdigung. Insofern ähneln sich Schlaf, Betäubung und Tod. Der wesentliche Unterschied ist: Der Tod ist endgültig. Zu jedem lebenden Menschen gehören seine Möglichkeiten: zu handeln und zu gestalten, abzuwägen und zu entscheiden. Das kann ein Mensch nach dem Aufwachen wieder tun, ein toter Mensch nie mehr. Ein toter Mensch ist ein Mensch ohne Möglichkeiten.

Völlig unterschiedliche, scheinbar unvereinbare Perspektiven sind das Kennzeichen der zentralen Fragen der Philosophie. Ein Beispiel dafür ist das berühmte Leib-Seele-Problem: Von außen ist ein Mensch eine ein bis zwei Meter hohe biologische Maschine, die ziemlich raffinierte Bewegungen machen und Laute von sich geben kann, von innen ist er ein Universum von Gedanken, Gefühlen und Sinneswahrnehmungen. Wie passt das zusammen? Oder die Sprache: Wer eine fremde Sprache nicht versteht, für den besteht sie nur aus sinnlosen Lautfiguren – wer sie aber beherrscht, kann mit diesen Lautfiguren fast alles ausdrücken, was er denken kann. Wie diese beiden klassischen Themen der Philosophie des Geistes und der Sprache gehört daher die Frage nach dem Wesen des Todes in die Spitzenkategorie der philosophischen Probleme.

Gehen wir sie also an, die große Frage! Aber nicht so ungestüm. Wenn Philosophen über etwas nachdenken, dann neigen sie manchmal dazu, die Dinge noch komplizierter zu machen, bis man sich vor lauter Fragen und Antworten gar nicht mehr auskennt. Da hilft nur eines: zurück auf Start. Die grundlegenden Begriffe klären. Der Tod, was ist das eigentlich?

5 Das Wesen des Todes

Was mit uns geschieht, wenn wir sterben

Das Wort »Tod« hat uralte Wurzeln. Es ist eines der wenigen Wörter, die bereits vor über tausend Jahren im Althochdeutschen genauso klangen wie im heutigen Deutschen. Sprachforscher vermuten, dass es mit dem altirischen Wort »duine« für Mensch (»Sterblicher«) verwandt ist, das wiederum zu dem Verb »deu« für atmen, leben gehört. Die Einzelheiten verlieren sich im Dunkel der vorschriftlichen Sprachgeschichte. Und wofür steht es? Was ist der Tod?

Die einfache Antwort lautet: das Ende des Lebens. So richtig zufriedengeben kann man sich damit allerdings nicht. Es ist weder klar, was »Ende« bedeutet, noch, was mit »Leben« gemeint ist. Das Leben insgesamt geht ja weiter, nur mein Leben endet mit meinem Tod. Was aber macht mein Leben aus? Wie grenzt es sich zum Rest des Lebens ab? Das sind knifflige Fragen, wie wir sehen werden. In ihnen steckt die Frage, wer ich eigentlich bin – was dazugehört, Tobias Hürter zu sein oder eben nicht mehr zu sein. Eine Frage, die auch für sich genommen spannend und wichtig ist.

Und auch über das »Ende« müssen wir nachdenken. »Ende des Lebens« sollte doch bedeuten, dass ich nichts mehr erlebe. Aber das widerfährt mir auch im traumlosen Tiefschlaf oder unter Vollnarkose. Nun könnte man einwenden, dass diese bewusstlosen Zustände nur ein vorläufiges Ende sind, im Gegensatz zur Endgültigkeit des Todes. Aber die weitaus meisten Kulturen in allen Teilen der Erde bestreiten gerade diese Endgültigkeit. Sie sehen im Tod nicht das vollständige Ende des menschlichen Daseins, sondern einen Übergang in ein Dasein anderer Art. Welcher Art genau, darüber gehen die Vorstellungen allerdings auseinander. Klar ist nur: Der Tod trifft jeden. Aber da endet die Einigkeit auch schon. Manche Menschen glauben, dass sie den Tod ihres Körpers überleben werden und in den Himmel, in die Hölle oder anderswohin kommen. Oder dass sie in einem anderen Körper, menschlich oder nicht, auf die Erde zurückkehren oder als körperloser Geist. Andere glauben, dass sie dann zu existieren aufhören – dass sie mit dem Tod des Körpers ganz erlöschen.

In manchen Kulturen ist der Glaube verbreitet, dass die Verstorbenen als körperlose Seelen in unserer Welt weiterexistieren. Andere Kulturen glauben, dass die Toten in ein anderes Reich wechseln, ins Paradies, in die ewigen Jagdgründe oder in die Unterwelt – in den »Hades«, wie die alten Griechen sagten. Buddhisten und Hinduisten glauben, dass der Tod die Seele vom Körper löst, um sie ein weiteres Mal in den Kreislauf der Wiedergeburten einzuspeisen. Die klassische christliche Vorstellung vom Weiterleben nach dem Tod besteht in einer spektakulären Wiederauferstehung der Toten am Tag des Jüngsten Gerichts, dem Ende der Welt.

Wer den Tod nur als Wegmarke des Daseins sieht, braucht ihn nicht zu fürchten. Platon begrüßte ihn als die Trennung der unglücklichen Verbindung zwischen Leib und Seele. Für Martin Luther war der Tod nur ein »feiner, süßer, kurzer Schlaf«, der die Menschen vom Jammer des Lebens befreite und die Zeit bis zur Auferstehung überbrückte.

Für heutige Ohren klingt das ziemlich antiquiert. Im Zeitalter der Naturwissenschaft betrachtet man den Tod üblicherweise als biologisches Ereignis. Tot ist man, wenn der Körper nicht mehr funktioniert. Ein menschlicher Körper funktioniert, wenn er in der Lage ist, zu denken, zu fühlen, zu kommunizieren, sich zu bewegen. Dafür ist er gemacht. Wenn er nichts mehr davon kann, ist er tot. Was das im Einzelnen heißt, ist nicht so einfach zu sagen.

Mediziner reden gern so, als hätten sie den Körper komplett durchschaut, wie ein Autoingenieur den Motor, den er entwickelt hat. Aber tatsächlich tappen sie oft im Dunkeln, auch bei der Definition von Leben und Tod. Mediziner schreiben dem Körper fünf Vitalfunktionen zu:

1. die Steuerung durch das Gehirn
2. der Blutkreislauf
3. die Atmung
4. der Stoffwechsel
5. die Temperaturregulation

Wenn diese Funktionen unwiederbringlich ausfallen, muss der Körper als tot gelten. Er funktioniert nicht mehr. Nur wie erkennt man das? Schon bei einer Waschmaschine ist es oft nicht so einfach zu sagen, woran es ihr fehlt, ob sie wirklich kaputt ist oder noch repariert werden kann. Der menschliche Körper ist eine ungleich kompliziertere Maschine.

Und so sind Mediziner seit Langem auf der Suche nach verlässlichen Kriterien, um feststellen zu können, ob der Körper seine Funktion unrettbar verloren hat: Sie halten dem Sterbenden einen Spiegel vor den Mund, um den Niederschlag seiner Atemluft zu sehen. Sie prüfen seine Pupillenreflexe, fühlen seinen Puls. Die geltenden Kriterien wechseln. Mancher Mensch, der vor hundert Jahren für tot erklärt worden wäre, wird heute weiter behandelt – und umgekehrt. Dialysepatienten und Menschen mit Herzschrittmachern sind sicherlich nicht tot, obwohl ihre Körper ohne kräftige technische Unterstützung nicht mehr funktionieren könnten. Bis in die 1960er-Jahre wäre es undenkbar gewesen, einen Menschen, durch dessen Adern das Herz noch Blut pumpt, als Toten zu betrachten. Doch dann führten die Mediziner nach langer Diskussion den Hirntod statt des Herztodes als entscheidendes Kriterium ein. Das geschah vor allem aus praktischen Gründen: Die noch funktionierenden Organe von Hirntoten können entnommen und verpflanzt werden.

Für die Chirurgen von heute ist es Routine, einem »Toten« ein schlagendes Herz zu entnehmen und einem anderen Menschen einzusetzen. Ihre Berufskollegen ein paar Jahrzehnte zuvor wären entsetzt darüber gewesen. Das Herz galt ihnen, wie seit Jahrtausenden, als wichtigstes Organ des Menschen. Aristoteles glaubte, dass das Herz die Quelle des Blutes, der Motor des Körpers und der Sitz der Seele sei. Und mit ihm glaubten es viele antike Physiologen. Das Gehirn verachteten sie als den Kühlergrill des Blutkreislaufs, wie es der amerikanische Psychologe Charles Gross formuliert. Ein lebendiges Herz zu verpflanzen hätte ihnen bedeutet, einen Menschen zu verpflanzen. Das heute herrschende Bild des Menschen hingegen ist weitgehend fokussiert auf das Gehirn – als sei der Rest des Körpers nur ein Appendix der Nervenzentrale. Über diese Fokussierung gerät manchmal in Vergessenheit, dass nicht der Hirntod selbst der Tod des menschlichen Körpers ist, sondern nur ein Kriterium für ihn. Und wie jedes Kriterium kann auch dieses in die Irre führen. Was zum Beispiel ist mit Patienten im sogenannten Wachkoma? Ihr Großhirn ist oft so schwer geschädigt, dass man es tot nennen kann. Aber das übrige Nervensystem kann die vegetativen Funktionen des Körpers noch erhalten. Sie atmen, können ihre Körpertemperatur regulieren, ihr Herz schlägt. Ihr Körper kann bei künstlicher Ernährung und intensivmedizinischer Betreuung jahrelang überleben.

Ein Körperwrack – ist das alles, was nach dem Tod zurückbleibt? Was geschieht mit dem Bewusstsein, mit der Seele, mit dem Geist, wie immer man es nennen will? Wer nur glaubt, was er sehen oder greifen kann, muss diese Frage mit »nichts« beantworten. Alles, was wir aus der gewöhnlichen

Erfahrung über Menschen wissen, setzt voraus, dass sie als Körper existieren. Noch nie hat jemand beobachtet, wie ein Mensch etwas gedacht oder gefühlt hat, ohne dass damit ein neuronaler Prozess einhergegangen wäre – zumindest sind keine Berichte darüber bekannt, denen man trauen kann. Mehr noch, die Gehirnforscher finden inzwischen Zusammenhänge zwischen bestimmten Bewusstseinsleistungen und der Aktivierung spezifischer Gehirnareale. Sie können in ihren Gehirnscannern mit hoher Treffgenauigkeit erkennen, ob jemand sich seine Wohnung vorstellt oder im Geiste Tennis spielt. Und so glauben viele aufgeklärte Menschen, dass mit dem Tod alles aus ist: Mit dem Gehirn endet das Bewusstsein und mit ihm der Mensch. Sie lösen das Problem auf radikal negative Weise: Was wir nicht kennen, kann nicht sein.

Aber die Neugierde von Philosophen begnügt sich nicht mit dem, was sie sehen oder greifen können. Sie wollen verstehen, ob und unter welchen Bedingungen es möglich ist, dass Menschen nach ihrem Tod weiterexistieren. Mit ihrem kritischen Blick erkannten sie, dass die übliche Gleichsetzung von Gehirn und menschlichem Bewusstsein auf wackligem Grund steht: auf der Annahme nämlich, dass die physikalischen und chemischen Prozesse in unseren Schädelhöhlen etwas Nichtphysikalisches und Nichtchemisches hervorbringen: Gedanken, Gefühle, Erlebnisse, Erinnerungen. Eine blühende Rose zu sehen ist etwas ganz und gar anderes als das neuronale Aktivierungsmuster im zentralen Nervensystem, das diesen Sinneseindruck begleitet. Nichts verbindet sie, außer dass sie gleichzeitig auftreten. Zwar glauben viele Wissenschaftler, dass das neuronale Muster den Eindruck verursacht oder identisch mit ihm ist. Aber das ist nicht mehr als ein Glaube, es ist keine Wissenschaft. Das gibt Philosophen die Freiheit, andere Möglichkeiten zu erkunden. Vielleicht ist der Geist ja doch unabhängig vom Körper und kann den Tod überstehen? Oder liegt das Wesen des Menschen doch jenseits von Geist und Körper? In späteren Kapiteln werden wir einige dieser Möglichkeiten kennenlernen und uns dabei tief in die Metaphysik des Todes wagen.

Dabei muss allerdings klar sein, dass wir den Bereich des gesicherten Wissens verlassen und uns auf das Feld der freien Spekulation begeben. Niemand »weiß«, was nach dem Tod geschieht. Niemand weiß, ob überhaupt noch etwas geschieht oder ob schlichtweg Schluss ist. Die vorsichtige Antwort ist ein »Ignoramus et ignorabimus«: Wir wissen es nicht und werden es nie wissen. Aber vorsichtig ist langweilig.

Klar ist aber auch, dass der Tod mehr ist als Physiologie und metaphysische Spekulation. Der Tod hat Bedeutung. Er bewegt die Menschen. Für manche Ärzte ist es eine Sache des sportlichen Ehrgeizes, ihn von ihren Patienten fernzuhalten. Für manche Generäle ist er ein Maßstab ihres beruflichen Erfolgs. Der Tod ist der Schmerz einer Mutter, die ihr Kind verloren hat, und die Sehnsucht eines unheilbar Kranken nach Genesung. Er ist das Rasseln, das sich in den Atem eines Schwerkranken mischt, die Sprachlosigkeit eines Angehörigen, der weiß, dass er nur ein paar Stunden mit dem Sterbenden hat, oder der starre Blick ins Nichts. Der Tod ist ein stiller Geselle.

6 Was ist so schlimm am Tod?

Warum wir partout nicht sterben wollen

So let's love fully
And let's love loud
Let's love now
'Cause soon enough we'll die
Soko – We Might Be Dead By Tomorrow

Ich hatte keine Angst, als ich die Flanke der Marienbergspitze hinunterstürzte. Für Angst war keine Zeit. Aber das heißt nicht, dass der Tod mir willkommen gewesen wäre. Während ich durch die Luft flog, war ich entschieden der Meinung: Es ist nicht richtig, dass ich gleich sterbe. Ich war nicht einverstanden.

Warum eigentlich nicht? Viel Leid hätte mir wohl nicht gedroht. Zack! Und ich wäre hinüber gewesen wie eine Fliege, die gegen die Windschutzscheibe eines Autos klatscht. Eher war es in dieser Lage leidvoll für mich, am Leben zu bleiben. Warum also war ich nicht einverstanden? Was ist so schlimm am Tod? Blöde Frage, könnte man sagen. Der Tod ist nun mal das Ende des Lebens, und wir wissen, dass sich die meisten Menschen davor fürchten. Wozu noch lange herumphilosophieren?

Schon die Einschränkung »die meisten Menschen« zeigt, dass die Sache so einfach nicht ist. Einige Randgruppen fürchten sich nicht vor dem Tod. Lebensmüde zum Beispiel, denen ihr Dasein eine solche Qual ist, dass sie nur noch sein

Ende herbeisehnen. Todesmutige Helden wie Achilles, dem wir in Kapitel 2 begegnet sind. Psychopathen, die zu Furcht überhaupt nicht fähig sind. Und manche Philosophen.

Unter den Denkern gilt es als Zeichen von Größe, sich dem Tode gegenüber gleichgültig zu zeigen. »An nichts denkt ein freier Mensch weniger als an den Tod«, schrieb Baruch de Spinoza in seiner *Ethik*. Der französische Essayist Michel de Montaigne schrieb, »daß Philosophiren sterben lernen heisse« und berief sich dabei auf Cicero, dessen Vorbild vermutlich Sokrates war, der, wie wir noch genauer sehen werden, mit Nonchalance in den Tod ging, zu dem ein Athener Gericht ihn verurteilt hatte. Der Tod sei die Wanderung der Seele in ein anderes, interessanteres Reich. Kein Grund zur Sorge also. Allerdings kann Sokrates damit nur jene beschwichtigen, die an eine vom Körper unabhängige Seele glauben (wir betrachten seine Vorstellung im nächsten Kapitel genauer). Mich also schon mal nicht.

Sokrates' großer Gegenspieler war Epikur, der kurz nach ihm lebte. Die beiden waren in den meisten Fragen verschiedener Meinung. Auch den Tod verstanden sie völlig unterschiedlich. Doch sie waren sich einig darin, ihn nicht zu fürchten. Epikur hatte dafür ein genial einfaches Argument, das ohne die Annahme einer unsterblichen Seele auskommt. »Der Tod geht mich nichts an«, sagte er. Wenn ich noch da bin, ist er noch nicht da. Wenn er da ist, bin ich nicht mehr da. Ich begegne dem Tod also gar nicht. Er kann mir egal sein.

Erstaunlich an Epikurs Logik ist, dass sie überhaupt nicht wirkt. Wer ihr folgt, dem müsste es gleichgültig sein, ob er im nächsten Moment tot vom Stuhl fällt. Es gibt jedoch kaum jemanden, dem der Tod gleichgültig ist. Darf ich Sie bitten, sich vorzustellen, plötzlich zu erfahren, dass Sie nur noch einen Tag zu leben haben? Allein die Bitte ist vermessen. Sie würden wohl schwerlich nur mit den Schultern zucken und weiterlesen. Sie wären vermutlich entsetzt. Angst und Entsetzen sind die natürlichen Gefühlsregungen, die der Tod weckt. »Sterben macht Höllenangst«, steht in einem Artikel, der im Mai 2012 im *Spiegel* erschien, und damit war nicht nur das Leiden vor dem Tod, sondern auch der Tod selbst gemeint. Der Regisseur Christoph Schlingensief, der mit einigem Leid an Lungenkrebs starb, fürchtete sich »vor dem Moment, wo das alles aufhört. Irgendwann gehen die Gedanken ja weg!«

Auch gänzlich diesseitig und wissenschaftlich denkende Menschen sind nicht frei von Todesangst. »Es wäre eine Übertreibung zu sagen, dass ich den Tod nicht fürchte«, sagte der belgische Biochemiker Christian de Duve, dekoriert mit dem Nobelpreis, kurz vor seinem Tod am 7. Mai 2013, »aber ich fürchte mich nicht vor dem, was danach kommt, weil ich nicht gläubig bin.« Wäre am Allerheiligentag 2011 meine Zeit in der Luft länger gewesen, eine Minute vielleicht, dann hätte auch ich sehr wahrscheinlich Angst bekommen.

Sogar Jesus hatte Todesangst, als es auf die Kreuzigung zuging. Der Evangelist Lukas erzählt davon, wie Jesus in Vorahnung seines Todes mit seinen Jüngern zum Ölberg ging. Er geht etwas abseits von ihnen und betet: »Vater, wenn du willst, nimm diesen Kelch von mir! Aber nicht mein, sondern dein Wille soll geschehen.« (Lukas 22,42). So stark war Jesu Todesangst, dass sie sich in heftigen körperlichen Symptomen niederschlug. »Sein Schweiß war wie Blut, das auf die Erde tropfte.« (Lukas 22,44), das heißt, er erlitt vermutlich einen Blutsturz. Damit hat die Angst vor dem Tod den Segen von ganz oben. Kein Wunder, dass die katholische Kirche die epikureische Lehre lange als Frevel bekämpfte.

Dahinter steckt ein noch tieferer Dissens. Man kann die ganze Geschichte der Vorstellungen von Leib, Seele, Leben und Tod als ein Gegeneinander zweier Lager sehen: Auf der einen Seite stehen Sokrates, Platon und große Teile des Christentums, die an ein Jenseits und eine unsterbliche Seele glauben; auf der anderen Seite Epikur, Lukrez und die von der Naturwissenschaft geprägte Philosophie von heute – für sie ist die Welt ein Tanz der Elementarteilchen, in dem diese Teilchen das einzig Beständige sind. Alles andere wird und vergeht, auch Menschen und ihre Seelen. Götter mag es geben oder nicht, sagten Epikur und Lukrez, aber sie interessieren sich nicht für die Einzelheiten des Weltlaufs. Deshalb sind sie umgekehrt für uns Menschen nicht sonderlich interessant. Es gibt keine Hoffnung auf einen Erlöser, die uns vor unserer Angst vor dem Tod befreien könnte. Daher suchten Epikur und Lukrez, sich dieser Angst aus eigener Kraft zu entledigen.

Derlei Ansichten fanden bei der Kirche natürlich wenig Anklang. Epikur selbst wurde von den Hütern der christlichen Lehre mit Milde betrachtet, schließlich hatte er vor dem Messias gelebt, also keine Chance gehabt, die Wahrheit zu erkennen. Aber wehe den später Geborenen, die sich nicht genügend von seinen heidnischen Lehren distanzierten. Als im Jahr 1415 der Gegenpapst Johannes XXIII. abgesetzt wurde, war der entscheidende Vorwurf gegen ihn, er habe vor Zeugen darauf beharrt, es gebe kein ewiges Leben, keine Auferstehung, und die Seelen der Menschen würden mit ihren Körpern vergehen. Kurzum: Er wurde des Epikureismus bezichtigt.

Die Epikureer sahen die Menschen getrieben von ihren negativen Emotionen: von Ärger, Ehrgeiz, Gier, Neid, Eifersucht, Misstrauen, Angst – vor allem von der Angst vor dem Tod. Um glücklich zu werden, gilt es, sich von diesen Emotionen zu befreien. Für die Epikureer bedeutet das: sich von jeglichem Risiko negativer Emotionen zu befreien. Und das bedeutete für sie auch, sich radikal von jeglicher engen Bindung zu anderen Menschen zu befreien. Denn auch wenn die Bindungspartner treu bleiben, birgt die emotionale Abhängigkeit unwägbare Risiken. Lieben Sie Ihre Kinder besser nicht, würde Ihnen ein strenger Epikureer allen Ernstes raten. Vorsichtshalber. Denn wer weiß, vielleicht werden sie morgen ermordet?

Klingt in unseren Ohren nach Wahnsinn, ist aber konsequent. Die Epikureer waren keine Idioten. Sie waren die ersten Denker, die sich gründlich mit den menschlichen Emotionen beschäftigten. Gefühlsregungen waren für sie nicht nur dumpfe Wallungen der Körpersäfte, wie später für den griechischen Arzt Galen und seine Anhänger. Ihre große Einsicht war, dass die Menschen sich dieser Antriebe nicht immer bewusst sind. Um der Angst vor dem Tod zu entkommen, führen sie Kriege, schreiben Bücher, erklimmen Berge. Und sie legen sich ganz andere Erklärungen für ihr Tun zurecht, zum Beispiel Machtstreben oder Forschergeist. Die Epikureer entdeckten unter dieser mentalen Schutzschicht das Unbewusste, 22 Jahrhunderte vor Sigmund Freud. Zwar analysierten sie es nicht so fein wie der große Doktor aus Wien. Die wichtige Rolle, die die Kindheit und die Verdrängung spielen, entgingen ihnen. Aber sie verstanden, wie Menschen sich selbst etwas vormachen können und dass aus dieser Täuschung viel menschliches Leid rührt. Sie setzten ihrer Philosophie das Ziel, die Menschen kraft ihres Verstandes von dieser Täuschung, also von diesem Leid, zu befreien. Philosophie war Therapie für sie.

Epikur schrieb mehr als 40 Abhandlungen, aber fast alles davon ist verloren. Was wir ihm heute an Gedanken zuschreiben, kam vor allem über das Lehrgedicht *Von der Natur (De rerum natura)* von Lukrez auf uns. Es war das gesamte Mittelalter hindurch verschollen. Erst Anfang des 15. Jahrhunderts tauchte es wieder auf – seine Wiederentdeckung war einer der Auslöser der Renaissance. In unvergleichlich klarem, poetischem Latein gibt Lukrez das therapeutische Argument der Epikureer gegen die Todesangst: Was man nicht erlebt, kann einem auch keine Angst machen.

Für Epikur und seine Anhänger war die Angst vor dem Tod das größte Hindernis auf dem Weg zum Glück. Menschen können glücklich sein, glaubten sie, aber nicht, indem sie sich für den Mittelpunkt des Universums halten, nicht, indem sie Helden spielen und sich für angeblich ewige Werte opfern, nicht, indem sie ihre unersättlichen Begierden zu stillen suchen, und auch nicht, indem sie ehrfürchtig den Göttern zu Willen sind. Sondern indem sie ihre Vernunft gebrauchen, um die Welt und ihren Platz darin zu verstehen und in Demut anzunehmen, statt zu versuchen, sich ihn schönzureden. Der Tod? Habt euch nicht so, sagt der Epikureer, da müssen wir eben durch. Der Tod ist weder gut noch schlecht, er ist halt so.

Lange blieb die Ansicht der Epikureer, der Tod sei gleichgültig, weithin ignoriert, aber unwidersprochen. Jahrtausendelang. Bis im Jahr 1970 der amerikanische Philosoph Thomas Nagel in einem Aufsatz, der er schlicht »Death« (Tod) betitelte, eine heftige Attacke auf sie startete. Epikur und Lukrez hätten bei ihrer Sophisterei einen Denkfehler begangen, behauptete Nagel. Der Tod sei nicht egal. Und ich glaube, er hat recht.

In Kapitel 4 haben wir gesehen, dass viele Denker den Tod als Spiegelbild der Geburt betrachteten: als Rückkehr ins Nichts. »Der Tod ist ebenso, wie die Geburt, ein Geheimnis der Natur, hier Verbindung, dort Auflösung derselben Grundstoffe«, schreibt Marc Aurel in seinen *Selbstbetrachtungen*. Lukrez schloss daraus, dass der Tod nicht zu fürchten sei. Denn das Totsein sei so wenig tragisch wie das Nochnichtgeborensein. Aber wir haben auch gesehen, dass Tod und Geburt nicht symmetrisch sind. Ich glaube, dass ein Schlüssel zum Verständnis des Todes darin liegt, den Unterschied zu erkennen. Meine Entstehung war ein Zufall. Ich hätte auch nicht geboren werden können. Eine Verschiebung meiner Entstehung hätte bedeutet, dass es nicht mehr meine Entstehung gewesen wäre. Aber da ich nun mal da bin, ist mein Tod nicht mehr Zufall, sondern Zwangsläufigkeit. Ich werde sterben, und eine Verschiebung meines Todes würde nicht bedeuten, dass es nicht mehr mein Tod wäre. Es bleibt mein Tod. Das aber bedeutet, dass es nicht egal ist, wann ich sterbe. Wäre ich am 1.11.2011 gestorben, dann hätte mich der Tod vieler guter Dinge beraubt, die ich nun tun kann, da ich noch am Leben bin. Ich hätte zum Beispiel dieses Buch nicht schreiben können. Meine Tochter hätte keinen Vater, und mein Sohn wäre gar nicht auf der Welt. Ich vermute, der Gedanke »Es ist nicht richtig«, der mir im Fallen kam, war kein Überlebensinstinkt, sondern die Überzeugung, dass es falsch ist, jetzt zu sterben und all das noch Mögliche ungelebt zu lassen.

Hingegen kann ich mir nicht wünschen, etwas früher geboren zu sein, um noch etwas mehr vom Leben gehabt haben zu können. Zu mir gehört es, am 4.5.1972 um 12:20 Uhr geboren zu sein. Jemand, der früher oder später geboren wurde, kann nicht ich sein. Eine spätere Geburt kann also keine Wünsche oder Pläne von mir vereiteln. Ein früherer Tod schon. Der Tod beraubt mich der Möglichkeit, etwas zu erleben. Deshalb ist er schlecht.

Das ist, in meinen Worten, das Argument von Thomas Nagel gegen die epikureische Gleichgültigkeit. Nagel illustriert es mit einer Analogie: Ein junger, gesunder Mensch erleidet eine Gehirnverletzung, die ihn in den geistigen Entwicklungsstand eines Säuglings zurückwirft. Er müsste rundum betreut werden. Eine schlimme Vorstellung, nicht nur für seine Verwandten und Freunde, sondern vor allem für ihn selbst. Auch ihn würden wir bedauern, obwohl er nichts bemerkt von seinem Missgeschick. Das bedeutet nicht, dass Säuglinge bedauernswerte Wesen sind. Aber Erwachsene, die durch ein Unglück in diesen Zustand geraten, werden durch dieses Unglück eines großen Teils ihrer Lebensfülle beraubt. Nach der Logik der Epikureer müsste es uns gleichgültig sein, ob uns so etwas widerfährt. Womit diese Logik ins Absurde geführt wäre. Die irrige Annahme dieser Logik ist: »Was mir nicht wehtut, kann nicht schlimm für mich sein.« Kann es doch, glaube ich.

Aber Nagel geht noch weiter. Er ist überzeugt, dass der Tod in jedem Fall schlecht ist – auch wenn einem Menschen nur noch wenig Gutes widerfährt. Darin kann ich ihm nicht mehr folgen. Was ist mit Menschen, die schwer krank sind, die starke Schmerzen oder schwerste Depressionen haben? Ich bin mir nicht sicher, ob der Tod auch in solchen außerordentlichen Fällen schlecht ist.

In den meisten Fällen gewinnt Nagels Argument gegen Epikur & Co., glaube ich. Und ich finde es in Ordnung, Angst vor dem Tod zu haben. Angst ist kein Zeichen von Schwäche. Sie kann auch aus einem geschärften Sinn für Gefahren rühren. Die Mehrzahl der Menschen, die ein Nahtoderlebnis hatten, berichten, hinterher eher mehr Angst vor dem Tod zu haben als vorher. Ich selbst bin seit meinem Absturz deutlich risikoscheuer. Wenn ich zum Beispiel erwäge, eine lange Autofahrt zu unternehmen, dann wäge ich auch das Risiko ab, dabei einen Unfall zu haben. Das Risiko ist gering, aber nicht von der Hand zu weisen. Ungefähr 4000 Menschen sterben jährlich in Deutschland an den Folgen eines Verkehrsunfalls. Die Angst erinnert mich an dieses Risiko.

Aber Angst ist nicht gleich Angst. Es gibt gerechtfertigte und ungerechtfertigte Angst. Wer seine Wohnung nicht mehr verlässt, weil er befürchtet, draußen von Aliens entführt zu werden, braucht eine Therapie. Seine Angst muss ernst genommen werden, aber nicht, um ihn in ihr zu bestärken, sondern um ihn davon zu befreien. Hingegen ist es für einen Bergsteiger durchaus sinnvoll, Angst zu haben – solange er die Angst hat und nicht die Angst ihn. Die Angst ist ein natürliches Frühwarnsystem, sie schärft seine Aufmerksamkeit angesichts von Gefahren. »Angst ist überlebenswichtig«, sagt der Kletterer Andreas Huber, »ich muss mich mit dem Risiko, mit der Todesangst auseinandersetzen. Damit versichere ich mein Leben.« Ich hatte viel Angst in den Bergen. Am 1.11.2011 an der Marienbergspitze hatte ich keine Angst. Gut möglich, dass ich nicht hinuntergefallen wäre, wenn ich Angst gehabt hätte.

Und so gibt es auch gerechtfertigte und ungerechtfertigte Angst vor dem Tod. Gerechtfertigte Angst entsteht aus der Wahrnehmung einer Bedrohung. Sie bewegt uns, etwas gegen diese Bedrohung zu tun. Die ungerechtfertigte Angst ist das dumpfe Grauen, das aus der Abwehr von etwas Verdrängtem entsteht, das an die Oberfläche zurückdrängt. Wer sich weigert anzuerkennen, dass er sterben wird, der muss Angst kriegen, wenn er allzu deutlich daran erinnert wird.

Nichts können Menschen schlechter ertragen als die Sinnlosigkeit. Nichts erscheint ihnen schrecklicher als die Vorstellung, dass sie nur rein zufällig, aus keinem speziellen Grund auf der Welt sind. Der Tod lässt das ganze Leben witzlos erscheinen. »Es ist alles lächerlich, wenn man an den Tod denkt«, sagte Thomas Bernhard in einer Rede. Alles lächerlich? Das darf nicht sein! Deshalb vermeiden es viele Menschen, an den Tod zu denken.

In der Erzählung *Der Tod des Iwan Iljitsch* von Lew Tolstoi geht es um die Angst des sterbenskranken Protagonisten Iwan Iljitsch Golowin, 34. Von außen betrachtet, hat er viel erreicht: Er hat Frau und Tochter, ist als Justizbeamter zu hohem Ansehen gelangt. Eines Tages verletzt Iwan Iljitsch sich bei einem Sturz. Die Verletzungen heilen nicht, sein Zustand verschlechtert sich. Plötzlich liegt Iwan Iljitsch, der eben noch voll im Leben stand, im Sterben. Mit dem Nahen des Todes erkennt er, dass sein Wohlbefinden eine Täuschung war. Er hat sein ganzes Leben verplempert. »Ihm kam der Gedanke, dass das, was ihm bisher noch als vollkommen unmöglich erschienen war: Er hätte so gelebt, wie er nicht hätte leben sollen – dass das die Wahrheit sei.« Angesichts dieses Gedankens überwältigt ihn die Angst vor dem Tod. Er kann nicht fassen, was ihm bevorsteht: »Cajus ist sterblich, und es ist ganz in Ordnung, dass Cajus stirbt; aber ich, Wanja, ich Iwan Iljitsch mit all meinen Gedanken und Gefühlen – das ist eine ganz andere Sache, es kann nicht sein, dass auch ich sterben muss. Das wäre zu schrecklich. – So fühlte er.« Iwan Iljitsch verbringt seine letzten Tage in lähmendem Entsetzen. »In den letzten – nicht Minuten, sondern Stunden hat er ununterbrochen geschrien. Durch drei Tage und drei Nächte mit gleicher Stimme«, erzählt seine Witwe. Seine Angst kommt zu spät, zu heftig. Sie ist sinnlos. Hätte er sie früher zugelassen, dann hätte er sein Leben vielleicht anders gelebt und seine letzten Stunden ruhiger verbracht.

Der bessere Weg ist, den Gedanken an den Tod als heilsamen Schrecken zu nehmen: als freundliche Mahnung, sich darauf zu konzentrieren, worauf es wirklich ankommt, statt sich im Unwesentlichen zu verlieren. Der Schrecken ist am wirksamsten, wenn wir uns weit weg vom Tod wähnen. Wenn wir kräftig und tatendurstig sind. Dann können wir nicht nur erkennen, worauf es wirklich ankommt, wir können es auch tun. Der Tod ist der Maßstab, ob etwas wirklich sinnvoll ist oder wir uns nur einreden, dass es sinnvoll sei. Eine Angst, die uns daran erinnert, hat Sinn.

Der amerikanische Philosoph Shelly Kagan, der so gründlich wie wenige über den Tod nachdenkt, ist anderer Meinung als ich. Er ist überzeugt, dass es keinen Grund gibt, Angst vor dem Tod zu haben, da wir ohnehin nichts ändern können. Ob Angst oder nicht, der Tod kriegt uns sowieso.

Sinnlos, sich vor etwas Unausweichlichem zu fürchten. Aber ich bin überzeugt, dass wir doch etwas ändern können und dass die Angst uns dabei anfeuern kann. Sie mahnt uns, uns nicht zu verzetteln, nicht herumzutrödeln! Ich will nicht sterben, noch nicht, weil ich kein halb fertiges Leben zurücklassen will, und ich weiß seit meinem Absturz, dass diese Möglichkeit immer da ist. Meine Angst vor dem Tod ist mir willkommen, weil sie mich auf etwas hinweist, das mir wertvoll ist. Sie ist die Kehrseite eines sehr schönen Gefühls: Ich bin dankbar, leben zu dürfen.

7 Die Seele, der Körper und was ich davon halte

Warum Sokrates sich für unsterblich hielt – und warum er sich dabei irrte

Sokrates war einer, den man heute anerkennend »eine coole Sau« nennen würde. Es ist der letzte Tag seines Lebens. Gerade ist er von einem Athener Gericht wegen »Verführung der Jugend« zum Tode verurteilt worden. In ein paar Stunden soll er sich eigenhändig mit dem Giftbecher aus dem Leben befördern. Man könnte erwarten, dass er zumindest etwas gedämpfter Stimmung ist. Aber er wirkt geradezu ausgelassen, witzelt mit seinen Freunden herum. Auch sie wundern sich darüber, dass Sokrates so entspannt, fast freudig seinem Tod entgegenlebt. Als es Zeit wird, Abschied zu nehmen, brechen die Freunde in Tränen aus. Sokrates setzt gelassen den Schierlingsbecher an die Lippen, trinkt und stirbt.

So erzählt es Platon in seinem Dialog *Phaidon*. Woher nahm Sokrates seinen Gleichmut in einer Situation ganz ähnlich jener, in der Tolstois Iwan Iljitsch Golowin vor Entsetzen schrie? Warum hatte dieser weise Mann, von dem ein Freund zum Schluss des Dialogs sagt, er sei »von allen Zeitgenossen, die wir kannten, der beste und an Einsicht und Gerechtigkeit überhaupt von niemand übertroffen« gewesen, keine Angst? Das ist die Frage, der ich in diesem Kapitel nachgehen will. Ich werde es wagen, dem Überphilosophen zu widersprechen. Es versteht sich, dass ich eine solche Vermessenheit gut begründen muss. Es geht dabei nicht allein um die Angst vor dem Tod. Es geht darum, was für ein Ding der Mensch ist – woraus er besteht, wie Körper und Geist zusammenhängen und was mit ihnen beim Tod geschieht. Gehen wir eines der berühmtesten Probleme der Philosophie an: das Leib-Seele-Problem.

Der Mensch ist zusammengebaut aus zwei grundsätzlich verschiedenen Bestandteilen, einem Körper und einer Seele – diese wohl am weitesten verbreitete Vorstellung vom Menschen heißt Dualismus. Sie entspricht am ehesten dem intuitiven Bild, das wir von uns selbst haben: Wir bestehen einerseits aus Gedanken, Gefühlen und Erinnerungen, andererseits aus Gliedmaßen und Organen. Beides hängt irgendwie zusammen, beispielsweise kann eine Berührung am Arm ein Gefühl hervorrufen. Doch beide sind grundverschieden. Das Gefühl kann man nicht berühren, im Gegensatz zum Arm. Das Gefühl gehört zur Seele, der Arm zum Körper. Kein Wunder, dass die meisten Menschen Dualisten sind, bevor sie gründlich über das Leib-Seele-Problem nachdenken.

Neben dem Dualismus gibt es eine Fülle anderer Vorstellungen mit unterschiedlichsten Verbreitungsgraden. Zum Beispiel den selten vertretenen Idealismus, der behauptet, alles sei Seele: Die ganze Welt bestehe aus Gedanken – auch von uns Menschen existierten in Wahrheit nur unsere Gedanken. Es gibt den Hylemorphismus, der auf Platons Starschüler Aristoteles zurückgeht: Die Seele sei die Form des Körpers, behauptete er. Er fand schon die Frage nach der Identität oder Nichtidentität von Leib und Seele sinnlos: Man dürfe nicht fragen, schrieb er, »ob die Seele und der Körper eines sind, wie man ja auch nicht fragt, ob das Wachs und seine Gestalt und überhaupt die Materie von jedem und das, wovon sie Materie ist, eines sind«. Eine moderne Variante des Hylemorphismus ist der Funktionalismus, der den Körper in Analogie eines Computers als Hardware sieht, den Geist als Software. Und es gibt den Physikalismus. Er gesteht der Seele keine eigenständige Existenz zu. Alles, was es gibt, habe eine physikalische Grundlage, auch scheinbar unkörperliche Dinge wie Gedanken und Gefühle. Entgegen dem Anschein sei der Mensch ein durch und durch physikalisches Ding. Allerdings betrachten auch Physikalisten die Menschen nicht als Gegenstände wie Tische oder Autos. Menschen seien ganz besondere Gegenstände. Sie können denken, fühlen und etwas erleben. Sie können sozusagen seelen – kleingeschrieben. Die Seele, sagen Physikalisten, ist eine Körperfunktion. Im Prinzip wie die Verdauung, nur viel, viel spannender. Ich bekenne mich zum Physikalismus. Damit gehöre ich vermutlich zu einer Minderheit.

Hätte ich Anfang des 17. Jahrhunderts oder früher gelebt, dann wäre vermutlich auch ich ein Dualist gewesen. Damals wäre die Idee, dass die Seele vom Körper hervorgebracht werde, den allermeisten Menschen absurd erschienen. Wenn Verstand, Liebe und Glaube nur Auswüchse des sterblichen Fleisches wären, nicht einer unsterblichen Seele, was würde dann nach dem Tod aus uns werden? »Keine Seele, kein Gott«, erklärte damals der englische Philosoph Henry More. Für das Gehirn hatte er nur Verachtung übrig: »Dieses wacklige Mark des Menschenkopfes zeigt nicht mehr gedankliche Fähigkeiten als Pudding oder Quark.« Damals stand für die meisten Menschen des christlichen Abendlands außer Frage, dass in jedem Menschen eine immaterielle, unsterbliche Seele steckt, die nach dem Tod von Gott verdammt oder erlöst wird. Und nicht nur in Menschen: Aus Sicht eines Botanikers im 14. Jahrhundert muss es unvorstellbar gewesen sein, dass eine Pflanze nichts als eine biologische Maschine ist. Wie könnte eine bloße Maschine lebendig sein? Eine Pflanze kann nur leben (kleingeschrieben), weil sie eine immaterielle Zutat namens Leben (großgeschrieben) hat. Viele Philosophen von damals glaubten, dass der ganze Kosmos eine Seele besitze, die sich mit der Seele jedes Menschen bei jedem Atemzug vereint.

Die Seele: ein Begriff mit uralter Geschichte. Die Menschen des Altertums hielten die Seele für das Prinzip des Lebens. Die Seele war das, was einen lebenden Menschen unterschied von einem Toten. Die frühen Seelenvorstellungen waren verbunden mit dem Atmen, dem Fliegen und dem Wind. Vermutlich glaubte man, mit dem letzten Atemstoß entweiche auch die Seele in den Himmel. Das hebräische Wort »nepesh« etwa bezeichnete die Kehle, aber auch die Lebenskraft, das griechische Wort »psyche« leitet sich ab vom Verb »psychein« (atmen, blasen), und auch das indische Seelenwort »atman« bedeutet eigentlich Atem. Die alten Ägypter stellten sich die Seele als Vogel vor, die frühen Griechen als Schmetterling – oder als Rauch, der im Moment des Todes aus dem Körper in den Himmel aufsteigt. Schamanen, deren Praktiken seit Urzeiten unverändert sind, glauben, dass ihre Seele den Körper verlässt, wenn sie sich in Trance versetzen.

Dann begann das Zeitalter der Naturwissenschaft. Eine neue Generation von Philosophen wuchs heran, die die alten Ideen nicht mehr ungeprüft übernahmen. Der Querdenker Baruch de Spinoza lehnte den Dualismus radikal ab. Für ihn waren Geist und Materie nur zwei Aspekte ein und derselben Substanz. Die Seele ist an den Körper gebunden – und daher genauso vergänglich wie der Körper selbst. Der englische Philosoph John Locke verwarf den Begriff der Seele und ersetzte ihn durch einen Begriff, der zu den meistdiskutierten der Philosophie von heute gehört: Bewusstsein. Doch außerhalb der Philosophie blieb die Vorstellung einer immateriellen Seele stark. Im Jahr 1907 versuchte der amerikanische Arzt Duncan MacDougall, das Gewicht der Seele zu bestimmen, indem er Patienten kurz vor und kurz nach ihrem Tod wog. Er kam auf 21 Gramm. Ich kenne Menschen, die an Seelenwanderung glauben und an »erdgebundene Seelen«: Das seien Seelen, die losgelöst von jedem menschlichen Körper in der Erde wohnen. Manche dieser Menschen behaupten ernsthaft, einer erdgebundenen Seele begegnet zu sein. Diese Seelen sehen dunkel aus, sagen sie.

Dass der Dualismus in der westlichen Kultur so populär ist, liegt nicht zuletzt an Sokrates. Er war der geistige Vater der abendländischen Philosophie. Allerdings war er überaus schreibfaul, kein einziges von ihm niedergeschriebenes Wort ist überliefert. Dafür war sein Schüler Platon umso eifriger. Er hielt die philosophischen Diskussionen der Gruppe um Sokrates in seinen berühmten Dialogen fest. Und so ist es nun Platon, der für Sokrates den ganzen Ruhm einheimst. Platons Einfluss überstrahlt alle anderen Philosophen unserer Kultur. Die philosophische Tradition Europas bestehe aus einer Reihe von Fußnoten zu Platon, sagte der englische Philosoph Alfred North Whitehead vor einem Jahrhundert. Platons *Gastmahl* war das erste »richtige« Philosophiebuch, das ich gelesen habe. Und ich habe es nicht nur einmal gelesen, sondern immer wieder – und noch immer wäre es für mich das eine Buch für die einsame Insel. Platon hat wunderbar und witzig geschrieben, seine Dialoge sind heute noch so lebendig wie vor 2500 Jahren. Er war ein gewandter Schriftsteller, ein feiner Mythenspinner, wahrlich ein Liebhaber der Weisheit. Aber er hat der Philosophiegeschichte nicht nur gutgetan. Seine Staatsphilosophie kann man totalitär nennen. Seine Philosophie der Bilder ist eher eine Verachtung der Bilder. Und er war Dualist. Platon und Sokrates etablierten den Dualismus in der abendländischen Kultur.

Diese beiden Heiden brachten sogar das Christentum, das ursprünglich eher physikalistisch geprägt war, zum Dualismus. Sie sind schuld daran, dass Geist und Körper in der abendländischen Kultur bis heute so entschieden getrennt gehalten werden – und dass in ihr der Körper so viel weniger gilt als der Geist. Das Urchristentum hingegen war eine sehr diesseitige, leibliche Religion. Erst spätere Theologen, allen voran der Kirchenvater Augustinus von Hippo im fünften nachchristlichen Jahrhundert, schleppten die Idee einer unsterblichen Seele ein. Augustinus gelang es, das scheinbar Unvereinbare zusammenzuzwängen: christliche Theologie und platonische Philosophie. Unter modernen Philosophen ist der Dualismus inzwischen etwas aus der Mode geraten, hat aber immer noch einflussreiche Vertreter, unter anderem den Amerikaner Saul Kripke und die Australier John Eccles und David Chalmers.

Dualisten haben es in mancher Hinsicht leichter als Physikalisten, weil sie dem Tod viel gelassener entgegensehen können, während für Physikalisten wie mich das Ende des Körpers auch das Ende der Seele ist. Einzelne Gedanken oder Charakterzüge von mir mögen in denen weiterleben, mit denen ich gesprochen habe oder denen ich nahe war, aber dann sind es nicht mehr meine Gedanken und Charakterzüge. Dagegen kann ein Dualist eine genaue Vorstellung davon haben, wie es nach dem Tod mit ihm weitergeht. Platon war überzeugt, dass die vom Körper entfesselte Seele in das Reich der Ideen wandert, ihren angestammten Lebensraum. Das Argument von Thomas Nagel, dass der Tod schlecht sei, weil er uns der guten Dinge des Lebens beraube, hätte Platon wohl nicht überzeugt. Für ihn ging das Leben nach dem Tod erst richtig los.

Ich hätte nichts dagegen, wenn meine Seele nach dem Tod in Platons Ideenreich eingehen würde. Ich bin Mathematiker, die Vorstellung eines Reichs der idealen Formen klingt paradiesisch für meine Ohren. Doch nur weil etwas wünschenswert wäre, glaube ich nicht an dessen Existenz. Ich brauche Gründe. Ich will es sinnlich erfahren können oder ein Argument hören, das von meiner sinnlichen Erfahrung schlüssig zu seiner Existenz führt. Zum Beispiel glaube ich an die Existenz von Leguanen, weil ich letzthin welche im Zoo gesehen habe. Nicht hingegen glaube ich an die Existenz von Einhörnern, denn ich habe weder ein Einhorn gesehen noch einen anderen guten Grund, an Einhörner zu glauben. Aus China und Korea, wo Einhörner fest zur Volksmythologie gehören, kommen immer wieder Meldungen über Funde eines Einhornbaus oder von Einhornknochen. Wer von vornherein entschlossen ist, an Einhörner zu glauben, könnte diese Meldungen als Bestätigungen seines Glaubens betrachten, mir aber erscheinen sie zu dubios, ich halte es für plausibler, dass es sich um Falschmeldungen handelt. Ich glaube an die Existenz des Higgs-Teilchens, weil Physiker mit dem Teilchenbeschleuniger LHC bei Genf Daten gesammelt haben, die mit sehr hoher Wahrscheinlichkeit auf ein Teilchen hindeuten, das genau die theoretisch vorhergesagten Eigenschaften des Higgs-Teilchens hat. Hingegen glaube ich nicht an die Existenz des Lichtäthers. Jahrhundertelang hatten Naturforscher gute Gründe, an einen alles durchdringenden Äther zu glauben. Vor 200 Jahren hätten diese Gründe vermutlich auch mich von seiner Existenz überzeugt. Aber Albert Einstein hat diese Gründe im Jahr 1905 mit seiner speziellen Relativitätstheorie widerlegt. Und so glaubt heute so gut wie niemand mehr an einen Äther.

So ähnlich wie mit dem Äther verhält es sich mit der immateriellen Seele. Nach dem Wissensstand früherer Zeiten mag es vernünftig gewesen sein, an sie zu glauben. Heute hingegen finde ich keinen hinreichenden Grund mehr dafür. Ich kann nichts am Menschen erkennen, was sich nicht anders als mit einer Seele erklären ließe.

Aber ich will mir die Sache nicht zu einfach machen. Könnte es sein, dass ich nicht genau genug hinsehe und mir deshalb die Fingerzeige auf die Seele entgehen? Die Leute, die an eine immaterielle Seele glauben und natürlich Gründe dafür haben, die sie überzeugen, nehme ich sehr ernst. Wenn ich sage, dass mich diese Gründe nicht überzeugen, dann muss ich das wiederum begründen, und das bedeutet, dass wir uns mit Argumenten aus den letzten 2500 Jahren auseinandersetzen müssen, von Platon bis heute. Daher wird dieses Kapitel etwas länger.

Welche Gründe kämen infrage, um einen Seelenskeptiker wie mich zu überzeugen? Seelen kann man nicht mit den Augen sehen oder mit den Händen berühren. Es spricht wenig dafür, dass ein wissenschaftlicher Nachweis von Seelen möglich ist. Man kann nicht auf sie zeigen, sie wiegen, in Phenol einlegen oder in Teilchenbeschleunigern detektieren. Die meisten Argumente für eine immaterielle Seele sind daher etwas gewundener. Sie gehen »abduktiv« vor, das heißt, sie gehen von den beobachtbaren, greifbaren Dingen aus und wägen die möglichen Erklärungen dafür gegeneinander ab. Sie betrachten die Facetten des menschlichen Verhaltens und kommen zu dem Schluss, dass eine immaterielle Seele die beste Erklärung dafür sei.

Es sind Argumente folgender Art: Wenn Menschen keine Seele hätten, dann wären sie bloße Maschinen aus Fleisch, Blut und Knochen. Aber Menschen sind zu Dingen fähig, die Maschinen nicht können: Zum Beispiel erleben sie etwas. Sie denken und fühlen. Sie verlieben sich. Sie haben Pläne. Folglich sind Menschen keine bloßen Maschinen. Sie sind mehr. Und dieses Mehr ist eben die Seele.

Ich allerdings glaube, etwas zu sehen, was die Seelenverfechter nicht sehen: Maschinen, die denken und fühlen. Zu Platons Zeiten mag es solche Maschinen noch nicht gegeben haben, heute aber gibt es sie, und mit dem rasanten Fortschritt der Technik gibt es zusehends mehr von ihnen. Ich würde zum Beispiel durchaus sagen, dass mein Computer denkt, wenn er gegen mich Schach spielt. Er bewertet Figuren und Stellungen und versucht, meine Züge im Voraus zu erraten. Auch hat er einen Plan: mich zu schlagen. Im Wesentlichen tut er das, was auch menschliche Schachspieler tun – und in Partien gegen Computer ist es die beste Haltung, sie wie menschliche Gegner zu betrachten: als hätten sie Absichten und Hintergedanken. Nicht nur als ob, glaube ich: Sie haben wirklich Absichten und Hintergedanken!

Maschinen sind zu Dingen fähig, die vor Kurzem noch als ausschließlich menschliche Domäne galten. Sie komponieren Charthits. Sie schreiben Gedichte und Zeitungsartikel. Sie beweisen neue mathematische Lehrsätze (inzwischen diskutieren Mathematiker sogar darüber, ob Computer eigene Artikel in Fachjournalen veröffentlichen dürfen). Selbst den so simpel gebauten Thermostaten unserer Heizkörper schreiben manche Philosophen etwas zu, das wir Menschen lange ganz für uns beanspruchten: Gefühl – wenn auch nur in einer äußerst rudimentären Form. Sie fühlen die Raumtemperatur und reagieren auf sie. Nun könnte man einwenden, dass Menschen auch Gefühle haben, die bei keiner Maschine je beobachtet wurden. Wir freuen und ärgern uns. Wir trauern. Wir lieben. Vielleicht liegt darin der große Unterschied zwischen Menschen und Maschinen? Vielleicht braucht man eine immaterielle Seele, um zu lieben? Zugegeben, keine bisher gebaute Maschine hat Symptome von Verliebtheit gezeigt. Aber das heißt noch nicht, dass Liebe und Trauer den Maschinen prinzipiell verschlossen sind. In der Science-Fiction-Satire *Per Anhalter durch die Galaxis* erzählt Douglas Adams von einem hochintelligenten Roboter namens Marvin. Doch Marvin neigt zu Depressionen. Er strahlt solche Niedergeschlagenheit aus, dass er einen anderen Roboter damit ansteckt – der dann sogar Selbstmord begeht. In dem Film *2001: Odyssee im Weltraum* von Stanley Kubrick, gedreht 1968, geht es um einen Computer namens HAL 9000, der in einem Raumschiff mit einer menschlichen Besatzung auf eine Forschungsmission geht. Seine Aufgabe ist, den Erfolg der Mission sicherzustellen. Er erkennt, dass die größte Gefahr dafür die Menschen an Bord sind. Also beschließt er, die Menschen zu töten. Doch einer der Menschen, Dave, durchschaut den Plan des Computers und versucht, ihn abzuschalten – im Prinzip, ihn zu töten. Während Dave die richtigen Schalter sucht, beginnen er und HAL miteinander zu sprechen. HAL wird klar, was Dave vorhat, und er versucht, ihn davon abzubringen. Während Dave einen Schalter nach dem anderen umlegt, sagt HAL: »Ich habe Angst, Dave. Dave, ich verliere den Verstand. Ich kann es fühlen.« Daraus spricht Todesangst. Es ist in HALs Situation völlig verständlich, Angst zu haben. Warum sollte man ihm die Angst absprechen? Weil er Siliziumschaltkreise anstelle von Neuronen und Synapsen hat? Das schiene mir eher ein Vorurteil als ein stichhaltiger Grund zu sein. Zugegeben, Marvin und HAL sind fiktiv. Ich habe sie herangezogen, weil sie bekanntere und spannendere Beispiele abgeben als real existierende Roboter. Aber auch schon heutige Haushaltsroboter zeigen Gefühle: Mit sinkendem Akkustand wächst ihr Hunger auf Strom – bis sie die Arbeit abbrechen und sich auf die Suche nach einer Steckdose machen.

Es sieht so aus, dass auch Roboter und Computer, gebaut aus Siliziumchips, fühlen können. Klar, Menschen sind viel raffinierter als diese Geräte. Aber Raffinesse ist ein gradueller Unterschied, kein prinzipieller. Wir Menschen haben keine Wunderzutat. Das bedeutet nicht, dass Menschen keine Seele haben. Es spricht nichts dagegen, die Gesamtheit der Erinnerungen, Gedanken, Gefühle, Wünsche und Pläne eines Menschen als Seele zu bezeichnen. Aber ich bezweifle, dass diese Seele etwas kategorial vom Körper Verschiedenes ist.

Vieles spricht für das Gegenteil: dass seelische Vorgänge stets auch körperliche Vorgänge sind. Wer einmal beobachtet hat, wie ein alternder Mensch in die Demenz abgleitet, dürfte zugestehen, dass physische Verfallserscheinungen im Gehirn psychische Folgen haben. Schneller kann man die Einheit von Körper und Seele an sich selbst beobachten, wenn man sein Gehirn psychotropen Substanzen wie Alkohol oder Cannabis aussetzt. Menschen sind keine reinen Gedankenwesen. Sie sind von Hormonen getrieben und gebremst, von Drogen berauscht. Ein Schlag über den Schädel oder ein Gerinnsel in einem Blutgefäß des Gehirns kann sie außer Gefecht setzen. Kein Proband im fMRI-Scanner hat je über eine Geistesregung berichtet, zu der das Gerät keine neuronale Aktivität registrieren konnte. All das spricht dafür, dass Menschen durch und durch körperliche Wesen sind. Ob Gedanken oder Gefühle: Es gibt nichts an uns, was nur mit der Existenz einer immateriellen Seele erklärt werden kann. Warum also sollte man an eine solche Seele glauben?

Doch darauf steht dem Dualisten eine schlagende Antwort zur Verfügung: Zugegeben, Maschinen können sich so verhalten, dass es unvernünftig wäre, ihnen keine Gefühle zuzuschreiben. Aber das Verhalten ist nur eine Seite unserer Gefühle. Wenn ein Mensch beispielsweise Angst hat, dann steigen sein Blutdruck und seine Pulsfrequenz, seine Schweißdrüsen in der Haut und seine Amygdalae tief im Gehirn treten in Aktion. Wie HAL sagt er vielleicht: »Ich habe Angst.« Das ist der Verhaltensaspekt der Angst. Daneben indes gibt es noch einen weiteren Aspekt: das Erleben. Das Wie-fühlt-es-sich-an der Angst. Philosophen sprechen von der Erlebnisqualität der Angst – oder kurz: von ihrem Quale (Plural: Qualia). Maschinen mögen Angstverhalten zeigen, kann ein Dualist sagen, aber sie erleben nichts dabei – weil ihnen die Seele fehlt.

Dieses Argument des Dualisten ist nicht einfach zu entkräften. Auch meine Intuition spricht dafür, dass es sich tatsächlich in einem interessanten Sinn »irgendwie anfühlt«, Angst zu haben oder Wein zu trinken oder die Farbe Rot zu sehen. Dieses Irgendwie, das Quale, ist es, was das physikalisch-physiologische Ereignis zu einem Erlebnis macht. Aber diese Qualia sind verflucht schwer zu fassen. Die Philosophen streiten seit mehr als hundert Jahren darüber, ob es Qualia überhaupt gibt, und sie kommen nicht recht weiter dabei. Die Schwierigkeit ist, dass man jemandem, der die Redeweise »sich auf bestimmte Weise anfühlen« nicht verstehen will, sie kaum verständlich machen kann. Der amerikanische Philosoph Ned Block drückte diese Schwierigkeit so aus: »Sie fragen: Was ist das, was Philosophen ›qualitative Zustände‹ genannt haben? Und ich antworte, nur halb im Scherz: Wie Louis Armstrong schon sagte, als man ihn fragte, was Jazz sei: Wenn du erst fragen musst, wirst du es nie verstehen.«

Manchmal illustriert man die Schwierigkeit, die Qualia zu begreifen, am Beispiel einer farbenblinden Forscherin, die sich auf die Physiologie des Farbensehens spezialisiert. Nach Jahren der Forschung versteht sie die Vorgänge, die sich dabei in den Augen und im Gehirn abspielen, bis ins letzte Detail. Doch so genau sie diese Vorgänge auch studiert, sie wird nie wissen, wie es ist, Rot oder Blau zu sehen. Die Erlebnisqualität der Farben bleibt für sie unfassbar. Sie hat alles Faktenwissen der Welt über Farben, und doch fehlt ihr etwas: Sie hat die Farben nie erlebt. Ihr fehlen die Qualia.

Ob es diese ominösen Qualia wirklich gibt, wird sich vielleicht nie abschließend klären lassen. Solange sie nicht widerlegt sind, bieten sie dem Dualisten eine Rückzugsposition, aus der er kaum zu vertreiben ist: Menschen erleben etwas, weil sie beseelt sind. Maschinen können sich zwar genauso verhalten, erleben aber nichts dabei, weil sie nicht beseelt sind. Kein rein physikalisches Objekt hat Qualia, kann der Dualist behaupten.

Es fällt guten Ingenieuren nicht schwer, einen Roboter zu bauen, der erkennen kann, ob die Sonne scheint. Er kann auch lachen und sagen: »Juhu, die Sonne scheint!« Aber erlebt er das sonnige Wetter auch? Nein, er reagiert nur darauf, kann ein Dualist behaupten, seine Schaltkreise analysieren nur die Frequenzen des Lichts. Und ich werde ihn nicht davon abbringen können, obwohl ich vermute, dass er sich täuscht. Ich sehe keinen Grund, warum die Erlebnisqualitäten den Maschinen verschlossen sein sollten. Ich würde sogar sagen, dass auch ein Thermostat etwas erlebt, wenn die Temperatur sich ändert. Worauf der Dualist mich wohl nur noch mitleidig anschauen würde. Einigung unmöglich. Diskussion beendet.

Doch der Dualist hat seinen größten Trumpf noch nicht ausgespielt. Eine weitere Eigenart scheint Menschen vor dem unbeseelten Rest der Welt auszuzeichnen: der freie Wille. Während Computer stur ihre Programme abarbeiten und Tiere Sklaven ihrer naturgegebenen Reflexketten sind, sind Menschen Souveräne über ihr Handeln. Weil sie die Freiheit haben, Dinge zu tun oder zu lassen, so das Argument, können sie keine rein physikalischen Systeme sein. Sie müssen eine Extrazutat haben, die Seele eben.

Der freie Wille: noch eines der ganz großen Themen der Philosophie. Seit jeher grübeln und streiten die Denker darüber, wie frei Menschen in ihrem Tun sind und was das überhaupt bedeutet. Manche Philosophen glauben, dass ein freier Wille sich nicht mit einem von den Naturgesetzen festgelegten Weltlauf verträgt. Einige einflussreiche Gehirnforscher bestärken sie darin. Sie folgern aus ihren empirischen Befunden, Willensfreiheit sei eine Illusion, weil auch das menschliche Verhalten rein körperliche Ursachen habe. Andere wiederum argumentieren, dass zwar Computer, Roboter und andere Maschinen deterministisch funktionieren: Die Naturgesetze legen eindeutig fest, welcher Zustand auf den vorhergehenden Zustand folgt, ihnen bleibt kein Spielraum für Freiheit. Menschen wiederum können also keine Maschinen sein, weil sie nicht deterministisch funktionieren. Auf den ersten Blick scheint das Argument zwingend zu sein. Auf den zweiten Blick jedoch hat es Lücken.

Die Position, dass Determinismus und Willensfreiheit unverträglich sind, wird von Philosophen Inkompatibilismus genannt. Auch wenn sie am ehesten dem gesunden Menschenverstand entspricht, ist sie auf sehr interessante Weise philosophisch angreifbar. Die Gegenposition, der Kompatibilismus, hat eine große Tradition. Ein bedeutender Kompatibilist war Thomas von Aquin, der im 13. Jahrhundert lebte. Kompatibilisten gehen zumeist so vor: Sie bestimmen genauer, was es heißt, dass der Weltlauf deterministisch ist und was Willensfreiheit bedeutet, und zeigen dann, dass beides logisch miteinander verträglich ist. So betrachtete es Thomas von Aquin als wesentlich für eine freiwillige Handlung, dass ihre Ursache innerhalb des Handelnden liegt – eben in dessen Willen. Aber das schließt nicht aus, dass diese innere Ursache wiederum äußere Ursachen hat. Die Handlung liegt also fest in der physikalischen Kausalitätskette, obwohl sie freiwillig ist. Also ist der freie Wille auch innerhalb eines rein körperlichen Menschenmodells denkbar und somit kein zwingendes Argument für die Existenz einer immateriellen Seele.

Thomas' Sicht ist vielfach kritisiert und umgedeutet worden, aber ich halte sie für richtig. Heute sind die meisten Philosophen Kompatibilisten.

Aber vielleicht habe ich bisher nicht weit genug geschaut bei meiner Suche nach Gründen, an die Existenz einer immateriellen Seele zu glauben. Deren Verfechter führen manchmal auch weniger alltägliche Phänomene an: Geister, Seelenwanderungen, Séancen, Nahtoderfahrungen, außerkörperliche Erfahrungen.

Gerade in der Nähe des Todes gibt es eine Reihe von Phänomenen, die nicht ohne Weiteres erklärlich sind. So berichten Menschen, die aus einem vollständigen Herz-Kreislauf-Stillstand zurückgeholt wurden, von erstaunlich lebhaften Erfahrungen, zum Beispiel, dass sie die Gespräche im Operationssaal mithören konnten. Es gibt eine charakteristische Dramaturgie, die sich in vielen solcher Berichte von Nahtoderfahrungen wiederfindet. Ein häufiges Motiv ist, dass die Betroffenen ihren Körper verlassen und frei durch den Raum schweben. Immer wieder erzählen sie auch davon, mühelos und beglückt durch einen dunklen Korridor geschwebt zu sein, auf ein wunderbares, lebendiges Licht zu. Dort warteten Freunde und Verwandte auf sie, und sie konnten die schönsten Momente ihres Lebens noch einmal durchleben. Das vorherrschende Gefühl dieser Erzählungen ist Freude. Zurück im Leben, kommt es nicht wenigen Betroffenen so vor, als hätten sie einen Kurzbesuch im Himmel gemacht. Der amerikanische Neurochirurg Eben Alexander war derart angetan von seiner eigenen Nahtoderfahrung, dass er sie als Beweis für die Existenz des Jenseits nahm und den Bestseller *Blick in die Ewigkeit* darüber schrieb.

Zu auffällig sind die Ähnlichkeiten dieser Erfahrungen über entfernte Kulturen und Zeiten hinweg, als dass man sie als Zufall abtun könnte. Was geht da vor? Eine Erklärung wäre, dass die Patienten auf dem Weg ins Jenseits waren. Da ihre Körper im Krankenbett oder auf dem Operationstisch zurückblieben, müsste es etwas Unkörperliches gewesen sein, das da auf die Reise ging. Die Seele löste sich aus dem Körper und wurde von den Ärzten zurück in ihre physische Hülle geholt. Das hieße: Es gibt sie, die immaterielle Seele. Aber ist das auch die beste Erklärung?

Hier ist eine andere: Zwar haben diese Menschen wirklich erlebt, was sie berichten. Aber sie täuschen sich. Ihr Erleben entspricht nicht den Ereignissen. Wenn man träumt zu fliegen, dann hatte man ein Flugerlebnis, ohne wirklich geflogen zu sein. Mehrere Neurologen, unter ihnen die Teams von Olaf Blanke in Lausanne und Henrik Ehrsson in Stockholm, erforschen das Phänomen der außerkörperlichen Erfahrungen unter kontrollierten Bedingungen im Labor. Sie stellen fest, dass sich außerkörperliche Erfahrungen mit einfachen technischen Mitteln erzeugen lassen: Es genügen eine gut platzierte Kamera, eine Videobrille, eine lebensgroße Puppe oder eine Gummihand, und schon sind die visuellen Reize und die körperliche Selbstwahrnehmung so verwirrend für das Gehirn, dass es sie nicht mehr in Einklang bringen kann. Ein Gefühl der Entkörperlichung entsteht, obwohl der Tod in weiter Ferne ist.

In repräsentativen Umfragen gibt ein signifikanter Anteil der Befragten an, bereits eine außerkörperliche Erfahrung gehabt zu haben. Sie begleiten typischerweise medizinische Notfälle wie einen Herzinfarkt, Herzrhythmusstörungen, plötzlichen Abfall des Blutdrucks oder des Blutzuckerspiegels. Patienten, die unter Schlaflähmung oder Narkolepsie leiden, machen solche Erfahrungen regelmäßig. Sie überkommen auch Kampfpiloten bei extremen Beschleunigungen und Mütter während schwieriger Geburten. Psychologen wie die Britin Susan Blackmore vermuten sogar, dass das Gefühl, in seinem Körper platziert zu sein, eine Illusion ist, die das Gehirn auf der Grundlage der einströmenden Sinnesreize erzeugt. Unter starken Belastungen kann es diese Illusion nicht mehr aufrechterhalten. Dann sind außerkörperliche Erfahrungen eine natürliche Folge.

Auch der freudige Tenor der Nahtoderlebnisse lässt sich mit trockener Physiologie erklären. Unter extremen Belastungen tränkt sich das Gehirn mit Endorphinen. Diesen Effekt kenne ich gut aus der Zeit, in der ich Leistungssport betrieb. Man wird wach, ruhig und euphorisch – auch wenn man nicht an der Himmelspforte steht. Bestimmte Formen der Epilepsie (zum Beispiel die Temporallappen-Epilepsie) treten auffällig häufig gemeinsam mit Erweckungserlebnissen auf. Oft verändern diese Erlebnisse grundlegend das Leben der Betroffenen. Neurologen können die charakteristischen Hirnstromanomalien solcher Epilepsien inzwischen gut am EEG erkennen. Steckt noch mehr dahinter – etwas Übernatürliches? Ich sehe keinen Anlass, das anzunehmen.

Andererseits kann bisher niemand beweisen, dass die Nahtoderfahrungen rein physiologische Ursachen haben. Man muss abwägen, was man für plausibler erachtet: Seele oder Physiologie? Für mich ist es die Physiologie. Die wissenschaftlichen Erklärungen für Nahtoderlebnisse sind zwar lückenhaft, ich sehe aber keine Lücke, die so groß wäre, dass eine immaterielle Seele zu bemühen wäre, um sie zu schließen. Die Flüchtigkeit der immateriellen Seele ist mir verdächtig. Wenn es sie gäbe, dann hätten die empirischen Wissenschaften etwas von ihr mitbekommen.

Ähnlich verhält es sich mit anderen Grenzphänomenen wie Geistern oder Channeling. Auf den ersten Blick erstaunlich, geradezu unerklärlich, lassen sie sich bei näherem Hinsehen, manchmal mit mühsamer Recherche, wissenschaftlich erklären. Man könnte sie auch mit der Existenz einer immateriellen Seele erklären, aber warum? Ich sehe bisher keinen zwingenden Grund.

Ein Verfechter der immateriellen Seele, dessen Einfluss dem von Platon nahekommt, war René Descartes, der große französische Rationalist. Er suchte nicht draußen in der Welt nach Hinweisen auf die Seele, sondern drinnen in sich selbst. Sein Argument für den Dualismus geht so: Mag sein, dass wir nicht durch Messungen und Experimente zwischen Körper und Seele unterscheiden können. Aber in unserer Vorstellung können wir es. Wir können uns vorstellen, körperlos zu sein und zugleich zu denken und zu fühlen. Also können unsere Gedanken und Gefühle nichts Körperliches sein. Mit purer Logik und Vorstellungskraft scheint Descartes bewiesen zu haben, dass er und wir eine immaterielle Seele haben.

Um die Cleverness dieser Argumentation zu schätzen, sollte man einen Blick in *Alice im Wunderland* von Lewis Carroll werfen. Darin kommt die Grinsekatze vor, mit ihrer

Angewohnheit, einfach zu verschwinden oder zu erscheinen. Das Erste, was von ihr auftaucht, und das Letzte, was von ihr verschwindet, ist ihr Grinsen. Man stelle sich eine verschwindende Katze vor. Die Beine verschwinden, der Schwanz, der Rumpf, der Kopf, die Ohren, die Augen, der Mund – der ganze Körper. Nur ihr Grinsen bleibt noch etwas. Ist ein körperloses Grinsen vorstellbar? Ich glaube nicht. Für ein Grinsen muss etwas da sein, das grinst, zumindest ein Stück Mund. Grinsen ist also etwas wesentlich Körperliches.

Körperloses Denken und Fühlen scheint leichthin vorstellbar zu sein. Mir vorzustellen, meinen Körper hier auf meinem Schreibtischstuhl zurückzulassen und durchs Fenster hinaus in die Welt zu entschweben – ein Kinderspiel! Ergo müssen mein Denken und Fühlen, muss meine Seele von meinem Körper verschieden sein. Wirklich verdammt clever, dieses Argument von Descartes. Bis heute überzeugt es viele Denker, und mehrere heutige Dualisten, unter ihnen die bereits erwähnten Saul Kripke und David Chalmers, haben Descartes' Argument verfeinert und weiterentwickelt. Aber nicht alle überzeugt es. Es gibt andere Gedankenexperimente, die Descartes' Logik brechen. Das berühmteste stammt vom deutschen Mathematiker Gottlob Frege (1848 bis 1925): Der Abendstern ist ein heller Himmelskörper, der zu manchen Zeiten abends in der Dämmerung im Westen steht. Der Morgenstern ist ein ebensolcher Körper, der zu manchen Zeiten morgens in der Dämmerung im Osten steht. Man stelle sich vor, es gäbe den Abendstern, aber nicht den Morgenstern. Einfach! Noch viel einfacher, als sich vorzustellen, ohne Körper zu denken und zu fühlen. Nach der Logik des Descartes'schen Arguments müssten Morgenstern und Abendstern zwei verschiedene Dinge sein. Sind sie aber nicht. Sie sind dasselbe Ding, nämlich unser Nachbarplanet Venus. Es ist also unmöglich, dass der Abendstern existiert und der Morgenstern nicht existiert. Denn das würde bedeuten, dass die Venus existiert und nicht existiert – ein logischer Widerspruch. Es wäre zwar möglich, dass die Venus nie am Morgenhimmel steht. Aber das ist etwas anderes.

Wenn aber das Argument an Abendstern und Morgenstern scheitert, beweist auch das Wegdenken-Können des Körpers nicht, dass Seele und Körper verschiedene Dinge sind und die Seele unabhängig vom Körper existieren kann.

Auch damit also kann man mich nicht vom Physikalismus abbringen. Es wird Zeit, die antiken Großmeister zu Wort kommen zu lassen: Platon und Sokrates. Ihre Argumente für eine unsterbliche Seele hat Platon im *Phaidon* aufgeschrieben. Es sind die frühesten bekannten Argumente dafür. Auch noch früher glaubten Menschen an die unsterbliche Seele, aber nicht aufgrund von Argumenten, sondern von Mythen.

Platons Dialoge lesen sich wie hochgelehrte Theaterstücke, und wie alle Dramen haben sie eine Dramaturgie: Ihre Figuren ändern ihre Meinungen, überzeugen andere oder werden überzeugt. Das gibt ihnen eine ganz besondere, offene, diskursive Atmosphäre, die sie von anderen philosophischen Abhandlungen unterscheidet. Platon legt nicht einfach philosophische Ideen dar. Seine Figuren spielen mit Ideen und erwecken sie so zum Leben. Argumente werden vorgebracht, widerlegt, verworfen – bis schließlich eines stehen bleibt, gegen das niemand mehr einen Einwand hat. Zumeist stammt es von Sokrates. Platon selbst tritt in seinen Dialogen nur ganz am Rande auf. Er überlässt Sokrates die Hauptrollen. Bei den Gesprächen des *Phaidon* war Platon selbst gar nicht zugegen, wie er zu Beginn des Dialogs erwähnt. Er kannte sie nur vom Hörensagen.

Es ist eine offene, unter Philologen heftig diskutierte Frage, wie getreu Platon Sokrates' Ansichten wiedergab. Die weithin gehegte Vermutung ist, dass Platon in seinen frühen Dialogen ziemlich nah am Original blieb und sich in den späteren Dialogen, verfasst nach Sokrates' Tod, immer weiter von seinem Lehrer entfernte, um ihm seine eigene Philosophie in den Mund zu legen. Der *Phaidon* ist ein Dialog aus der mittleren Phase. Wessen Ansichten aus ihm sprechen – Platons, Sokrates' oder beider –, ist kaum noch zu rekonstruieren. Ich versuche es gar nicht erst und tue so, als gäbe es zwischen ihnen keinen Unterschied.

Im *Phaidon* will Platon also zeigen, dass Menschen eine unsterbliche Seele haben. »Tot sein bedeutet nichts anderes als dieses, dass der Körper ausschließlich für sich sei, befreit von der Seele, und die Seele rein für sich, befreit vom Körper«, lässt er Sokrates sagen. Für Platon und Sokrates war der Tod erstrebenswert, weil er trennt, was getrennt werden muss. Der Körper ist ein Gefängnis der Seele, denn er gängelt sie mit seinen Bedürfnissen und täuscht sie mit seinen Sinnen. Nur mit dem reinen Denken erfasst der Mensch das Seiende, wie es wirklich ist. Auge und Ohr lenken ihn ab vom wahren Wesen der Dinge. Alles Körperliche ist, so lässt Platon den Sokrates sagen, »eine störende Beigabe, die durch ihre Einmischung die Seele nicht in den Besitz der Wahrheit und Vernunfterkenntnis gelangen lässt«. Was ein rechter Philosoph ist, der strebt daher schon zu Lebzeiten einen todesähnlichen Zustand an. Sich selbst töten darf er allerdings nicht, da jeder Mensch unter der Obhut der Götter steht. Sie allein entscheiden über Leben und Tod, weshalb der Philosoph wartet, bis sie ihm die Gunst des Todes gewähren.

Dass Menschen überhaupt eine Seele haben, war ihm und seinen Mitdenkern so klar, dass sie kaum Worte darüber verloren, und um seinen Gedanken weiterzufolgen, gestehen wir es ihm einmal zu: nun gut, eine Seele also. Aber eine unsterbliche? Das ist eine noch deutlich stärkere Annahme. Auch wenn es die immaterielle Seele gibt, ist damit nicht gesagt, was nach dem Tod mit ihr geschieht. Für die Unsterblichkeit braucht Platon also ein weiteres Argument, und er geht es raffiniert an: Er will uns davon überzeugen, dass Unsterblichkeit im Wesen von Seelen liegt. Wer verstanden hat, was eine Seele ist, versteht zugleich, dass sie unsterblich sein müsse.

Gestehen wir Sokrates also um des Arguments willen die Existenz einer immateriellen Seele zu. Gibt es gute Gründe, daran zu glauben, dass sie den Tod des Körpers überlebt oder sogar unsterblich ist? Das ist zunächst sehr fragwürdig. Als die Dualisten, in die wir uns Platon zuliebe vorläufig verwandelt haben, müssen wir akzeptieren, dass Körper und Seele eng zusammenarbeiten. Wenn die Seele mit dem großen Zeh wackeln will, gehorcht der Körper. Wenn der große Zeh gegen einen Stein stößt, verspürt die Seele einen Schmerz. Aber ausgerechnet wenn der Körper stirbt, soll die Seele unbehelligt bleiben? Das ist nicht ganz folgerichtig. Doch Sokrates ist überzeugt von der Unsterblichkeit der Seele, und er versucht, auch seine Schüler, die verschiedenste Bedenken dagegen vorbringen, davon zu überzeugen.

Sokrates ist sich sicher, dass seine Seele, befreit vom Körper, in den Himmel kommen werde, ein Reich, das von guten Göttern und verwandten Seelen bevölkert ist und in das man gelangt, wenn man hier auf Erden seine Hausaufgaben gemacht hat. Wie kommt Sokrates zu diesem Glauben? Dazu muss man verstehen, dass Sokrates die Grenze zwischen Körper und Seele anders zieht als die meisten modernen Menschen. Viele heutige Philosophen glauben, dass die Qualia, also die qualitativen Aspekte sinnlichen Erlebens, ein Alleinstellungsmerkmal der Seele sind. Sokrates jedoch würde die Qualia, all diesen sinnlichen Kram, samt den Bedürfnissen und Begierden, dem Körper zurechnen. Die Seele dagegen ist das reine Denken. Worüber denkt die Seele nach? Sokrates nennt die Materie der Seele: Ideen oder Formen. Er stellt sich vor, dass die Seele über ideale Begriffe nachdenkt, zum

Beispiel über Gerechtigkeit oder Kreise. In der physischen Welt gibt es nur einen müden Abklatsch der idealen Gerechtigkeit und keine perfekten Kreise. Bei näherem Hinsehen zeigt jeder physische Kreis Unzulänglichkeiten: Er eiert etwas, er hat kleine Zacken oder Dellen, mit den Jahren verwittert er. Ideale Formen hingegen sind perfekt und ewig.

Platon verachtete die Dinge der physischen Welt als Abbilder – oder Schatten – der idealen Dinge. Nichts auf der Welt verkörpert Schönheit in Perfektion. Schönheit ist ein Ideal, an dem physische Dinge nur teilhaben können. Schönheit und Gerechtigkeit existierten also nicht in der physischen Welt, sondern leben im Reich der Ideen – der »platonischen Formen«, wie heutige Philosophen sie nennen. Man kann sie nur mit der Seele begreifen.

Das mag ein bisschen schrullig wirken – antiquiert im wahrsten Sinn des Wortes. Aber Philosophen aller Epochen haben das Weltbild von Platon und Sokrates sehr ernst genommen. Heute dominiert es besonders die Philosophie der Mathematik. Viele hervorragende Mathematiker unserer Zeit sind Platoniker: Sie sind überzeugt, dass es ihre Forschungsgegenstände – Zahlen, Kreise, höhere Unendlichkeiten – in einer platonischen Sphäre irgendwo jenseits unserer physikalischen Welt wirklich gibt. Zwar wird die Zwei nie auf dem Cover des Magazins *Geo* abgebildet sein, mit der Schlagzeile »Forscher entdecken die scheue Zwei in den Tiefen des Zahlendickichts«. Man kann sie nicht sinnlich sehen, hören oder fühlen, man kann sie nicht zerstören oder reparieren. Aber man kann sie mit dem Verstand sehen, sagen die Platoniker. Der Verstand blickt in das Reich der Ideen wie das Auge in die physische Welt. Begreifen statt greifen.

Auch ich bin Mathematiker und sehe es als einer der wenigen anders: Ich glaube nicht, dass die Zahl Zwei in irgendeinem interessanten Sinn »wirklich« existiert. Wenn die Rede von zwei Äpfeln ist, gibt es zwar die Äpfel, aber nicht die Zwei. Aus ganz ähnlichen Gründen glaube ich, dass es zwar den beseelten Körper gibt, aber nicht die Seele. Für Platon jedoch existiert die Zwei, und die Seele kann sie sehen. Daher kann die Seele nichts rein Materielles sein. Denn nichts rein Materielles kann etwas Immaterielles wie die Zwei sehen. Und weil sie unvergängliche Dinge sieht, muss sie selbst unsterblich sein – so wie das Auge, um materielle Dinge zu sehen, selbst materiell sein muss. Die Seele gehört also ihrer Natur nach in das Reich der Ideen, in dem alles ewig ist. Aber nur, nachdem sie sich des Körpers entledigt hat. Wer zu Lebzeiten verstrickt bleibt in die Bedürfnisse des Körpers, dem bleibt Platons Paradies, das Reich der Ideen, verschlossen. Er kann froh sein, wenn er als ein anderer Mensch wiedergeboren wird, denn laut Platon bestünde auch das Risiko, dass man als Schwein oder Esel wieder zur Welt kommt. Der Philosoph tut also gut daran, schon zu Lebzeiten für einen erfolgreichen Tod zu üben, also für eine saubere Trennung von Körper und Seele.

Die Philosophie ist Vorbereitung auf den Tod – dieser Gedanke taucht immer wieder in der Philosophiegeschichte auf: bei Cicero, bei Montaigne und bei Heidegger. Aber keiner dieser späteren Denker war so radikal in seiner Leibfeindlichkeit wie Platon und Sokrates.

Als es auf seine Hinrichtung zugeht, schickt Sokrates, schon vor seinem Tod zur fast reinen Seele aufgestiegen, seine sehr leibliche Frau Xanthippe, die über das Todesurteil in Tränen und Klagen ausbricht, nach Hause. Er will seine letzten Stunden mit seiner Lieblingsbeschäftigung verbringen: Diskutieren mit seinen Freunden. Er plädiert für die Unsterblichkeit der Seele, seine Freunde versuchen, ihn zu widerlegen. Besonders zwei Schüler sind es, Kebes und Simmias, die immer wieder in die Lücken seiner Argumentation stoßen, worauf Sokrates immer wieder nachlegen muss. Es gibt ein Happy End: Sokrates überzeugt sie alle und kann in der Gewissheit sterben, recht zu haben.

In Vorlesungen über Philosophiegeschichte belässt man es meist bei einer akkuraten Wiedergabe der sokratischen Argumente: Aha, das war also sein Standpunkt zur Unsterblichkeit der Seele. Doch große Philosophen wollten mit ihren Argumenten nicht nur zur Kenntnis genommen werden, sie wollten überzeugen. Man wird ihnen deshalb nur gerecht, indem man ihre Argumente auf ihre Überzeugungskraft überprüft.

Sokrates' erstes Argument ist eine Antwort auf den Einwand gegen die Unsterblichkeit der Seele: Woher wissen wir, dass die Seele unversehrt bleibt, wenn der Körper zerfällt? Könnte es nicht sein, dass die Seele auf den Körper angewiesen ist – obwohl der sie manchmal gängelt? Nein, Seele und Körper sind von kategorial unterschiedlicher Beschaffenheit, sagt Sokrates. Einen Körper kann man greifen, stoßen oder zerschneiden, die idealen Formen jedoch nicht, also sind sie keine physikalischen Gegenstände. Man kann die 16 durch 4 teilen, aber das ist eine abstrakte Rechenoperation. Man kann die 16 nicht mit einem Messer teilen. Nirgends in der physikalischen Welt wird man auf die Gerechtigkeit selbst treffen, nur auf mehr oder weniger gerechte Handlungen oder Gesellschaften. Man kann ungerecht sein, aber damit zerstört man nicht das Ideal der Gerechtigkeit. Die 16 und die Gerechtigkeit und mit ihnen alle Zahlen und alle idealen Formen sind ewig. Da nun die Seele die idealen Formen begreifen kann, ist auch sie kein physikalischer Gegenstand und kann auch nicht zerfallen wie der Körper. Auch sie ist ewig.

Sokrates' Schüler sind noch nicht überzeugt. Na gut, mag der Körper von anderer Art sein als die idealen Formen. Aber warum sollte er sie deshalb nicht begreifen können? Und selbst wenn die Seele nichtkörperlich ist: Warum folgt daraus, dass sie den Tod übersteht? Sokrates muss sein Argument präzisieren: »Es ist sicher nicht von der Gottheit so vorgesehen, dass ein Unreiner das Reine berührt«, antwortet er. Dass unsere Seelen ewig sein müssen, weil wir das Ewige begreifen können, ist ein ziemlich wackliges Argument, finde ich. Menschen begreifen dauernd Dinge, mit denen sie keine Ähnlichkeit haben. Zoologen, die nur zwei Beine haben, beschreiben Tausendfüßler. Astrophysiker simulieren die Verhältnisse in Himmelskörpern, die nichts mit unserer irdischen Umwelt zu tun haben. Es ist überhaupt nicht klar, welche Ähnlichkeiten der Begreifende mit dem Begriffenen haben muss, und Sokrates tut wenig dazu, es zu erhellen. Das heißt noch nicht, dass er irrt. Aber es heißt, dass er noch nicht recht überzeugt. Dessen muss er sich bewusst gewesen sein, denn er eilt gleich weiter zum nächsten Argument: dem Argument der Wiedergeburt.

Sokrates hatte ein zyklisches Weltverständnis: Alles sei schon einmal da gewesen, Neues entstehe aus Altem. So waren die organischen Moleküle, aus denen mein Körper wuchs, schon vorher da, sie kamen aus dem Stoffwechsel meiner Mutter und gelangten dorthin durch die Nahrungskette. Also müssen auch die Bausteine meiner Seele schon da gewesen sein. Aber meine Seele hat keine Bausteine außer sich selbst! Sie ist eine unteilbare Einheit. Also muss meine Seele immer schon da gewesen sein. Dieses Argument scheint mir stärker zu sein als das erste, aber nicht stark genug. Was unteilbar scheint, muss nicht unteilbar sein. Auch eine Bronzekugel wirkt wie eine perfekte Einheit, besteht aber aus unzähligen Kupfer- und Zinkatomen. Ebenso mag die Seele zusammengesetzt sein aus Bausteinen, die vielleicht meinen Tod überdauern, so wie die Atome meines Körpers dessen Zerfall überdauern werden. Aber daraus folgt nicht, dass auch die Seele meinen Tod überdauert – oder schon vor mir da gewesen sein muss.

Sokrates braucht ein weiteres Argument dafür, dass die Seele älter ist als ihr Besitzer: das Argument der Erinnerung. Sokrates behauptet, dass die Erinnerungen von Menschen nur erklärlich sind, wenn ihre Seelen bereits vor ihren Körpern existiert haben. Dafür ist erst einmal zu klären, was es heißt, von etwas an etwas anderes erinnert zu werden. Ein Foto von Jennifer Lopez erinnert mich an Jennifer Lopez. Es lässt mich an sie denken. Wie gelingt ihm das? Indem es Jennifer Lopez ähnlich sieht. Es ist nicht mit ihr identisch, es ist zum Beispiel flach, während Jennifer Lopez bekanntermaßen gar nicht flach ist. Aber es ist ähnlich genug, um mich an sie zu erinnern. Erstaunlicherweise muss es ihr gar nicht sonderlich ähnlich sehen. Sogar über ein Foto einer anderen Frau kann ich sagen: »Erinnert mich irgendwie an Jennifer Lopez.« Aber nur, weil ich weiß, wie Jennifer Lopez aussieht. Wenn ich das nicht wüsste, könnte es mich nicht an sie erinnern. Sokrates nimmt statt Jennifer Lopez andere Beispiele, aber seine Pointe ist dieselbe: Man kann nur an etwas erinnert werden, das man bereits kannte. So funktioniert Erinnerung, erklärt Sokrates – und spielt seinen Trumpf aus: Wir alle haben Erinnerungen an ideale Formen. Die gerechte Handlung eines Menschen erinnert uns an das Ideal der Gerechtigkeit. Die vier Zacken einer Gabel erinnern uns an die Vier, der Teller an einen perfekten Kreis. Nach Sokrates' Logik müssen wir diese idealen Formen bereits gekannt haben. Wie, wo und wann aber haben wir ihre Bekanntschaft gemacht? Nicht in diesem Leben, nicht in dieser Welt. Hier nämlich gibt es keine idealen Formen, sondern nur ihren unvollkommenen Abklatsch. Sokrates glaubt zu wissen, woher wir sie kennen: aus dem Dasein der Seele vor diesem Leben. Vor der Geburt muss sie drüben im Reich der idealen Formen gelebt und deren direkte Bekanntschaft gemacht haben. So wollte Sokrates zeigen, dass die Seele unabhängig vom Körper existieren kann: Wenn ihr Dasein nicht erst mit der Geburt beginnt – warum sollte es dann mit dem Tod enden?

Das Argument der Erinnerung ist mit der für Sokrates typischen Verwegenheit geführt. Von ein paar unscheinbaren Annahmen gelangt er mit Riesenschritten zu weitreichenden Schlussfolgerungen: nicht nur zur Unabhängigkeit der Seele vom Körper, sondern auch dazu, dass jede Geburt eines Menschen eine Wiedergeburt ist. Aber Verwegenheit ist ja kein Garant für Wahrheit. Mich überzeugt das Argument der Erinnerung nicht. Den Schwachpunkt finde ich in Sokrates' Behauptung, dass alles Erkennen ein Erinnern ist. So gibt es zum Beispiel eine größte natürliche Zahl, an die ich bisher in meinem Leben gedacht habe. Es muss sie geben, da ich in meinem 40 Jahre währenden Leben nur an endlich viele Zahlen denken konnte. Sie ist ziemlich groß, auf alle Fälle größer als 10 hoch 100. Ich kann diese größte bisher von mir gedachte Zahl noch um eins erhöhen, indem ich im Geiste die Eins dazuzähle. Wenn es nach Sokrates und Platon ginge, dann müsste ich die neue größte von mir gedachte Zahl aus der Erinnerung kennen, sonst könnte ich sie nicht erkennen. Ich glaube aber, dass ich sie gerade erst ausgerechnet habe. Hätten die beiden Griechen recht, dann müsste meine Seele drüben bei den idealen Formen jeder natürlichen Zahl begegnet sein – also unendlich vielen –, denn wenn ich eine Zahl erkennen kann, dann auch die nächstgrößere. Das widerspricht meinem Bild des Menschen als einem durch und durch endlichen Wesen, das die Unendlichkeit erahnen kann, aber nicht in sich trägt. Wer eine ideale Form erkennt, erinnert sich nicht an eine jenseitige Erfahrung, sondern extrapoliert aus seiner diesseitigen Erfahrung. Mein Menschenbild mag stimmen oder nicht. Jedenfalls kann Sokrates' Argument es nicht erschüttern.

Dann hat der stille Star des *Phaidon* seinen großen Auftritt: Simmias. Er entwirft eine Gegentheorie zu Sokrates'

Dualismus. Die Seele verhalte sich zum Körper wie die Harmonie zu einer Harfe, behauptet Simmias. Aber Harmonie ist zerstörbar, nämlich indem man das Instrument verstimmt oder kaputt schlägt. Dann ist es vorbei mit den harmonischen Klängen. Die Harmonie hängt also vom Instrument ab. Ebenso hänge die Seele vom Körper ab. Sie sei also keineswegs unzerstörbar. Wenn der Körper zerfällt, dann zerfalle auch sie. Simmias' Analogie gefällt mir – besser als die heute übliche Hardware-Software-Analogie. Auch Sokrates scheint ziemlich beeindruckt von der Harfe-Harmonie-Analogie zu sein. Er hält sich lange damit auf zu überlegen, ob sie eine gute Analogie ist – und vergisst darüber die Unsterblichkeit der Seele. Er hätte fragen können: Ist Harmonie wirklich unzerstörbar? Geht sie kaputt, wenn die Harfe kaputtgeht? Aber er fragt es nicht. Ich habe den Verdacht, dass Platon den Simmias'schen Physikalismus insgeheim sehr ernst nimmt. Die Seele ist etwas, das der Körper hervorbringt, so wie eine gut gestimmte Harfe harmonische Töne hervorbringt.

Es ist schon ein bisschen verdächtig, dass Sokrates so viele verschiedene Argumente für die unsterbliche Seele aufbietet – anstelle eines einzigen, das für sich allein sticht. Immer wieder muss Sokrates Einwände seiner Schüler entkräften – bis sie ihm schließlich zustimmen. Etwa weil sie der Diskussion müde sind? Für mich jedenfalls bleibt die Existenz der unsterblichen Seele Ansichtssache. Und meine Ansicht bleibt, dass eine unsterbliche Seele, wie Platon sie versteht, Illusion ist.

Einen Sinn in der Vorstellung einer immateriellen Seele kann ich nur erkennen, wenn ich die Seele als etwas Abstraktes verstehe, so wie eine Zahl. Man kann sie zu anderen Zahlen addieren oder von ihnen subtrahieren. Man kann sie nicht anmalen, verschlucken oder unter einem Stein verstecken. Fünf plus acht ergibt dreizehn. Wer fünf Stücke

Schokolade isst und dann acht Stücke, hat dreizehn Stücke Schokolade gegessen, aber nicht die Zahl Dreizehn. Die Dreizehn ist sozusagen verkörpert in den dreizehn Stücken Schokolade. Aber sie selbst ist nicht in der körperlichen Welt. Sie bleibt abstrakt. Es ist nicht die Dreizehn, von der ich an Gewicht zunehme. Es sind die dreizehn Stücke Schokolade. Eine Zahl wie 10 hoch 100 ist womöglich gar nicht verkörpert: Es gibt keine 10 hoch 100 Stücke Schokolade, keine 10 hoch 100 Atome, auch von sonst nichts gibt es 10 hoch 100. Gleichwohl können wir mit 10 hoch 100 rechnen wie mit dreizehn.

Vielleicht kann man Seelen ähnlich wie Zahlen verstehen. Sie sind verkörpert in einem menschlichen Körper. Vielleicht können Seelen auch in anderen Dingen verkörpert sein, das weiß ich nicht. Manche Seelen sind nicht verkörpert, nämlich die Seelen von Toten. Es ist denkbar, dass eine Seele, die einmal verkörpert war, aber nicht mehr verkörpert ist, zufällig wieder verkörpert sein wird – Reinkarnation! Denkbar, aber statistisch sehr unwahrscheinlich, denn Seelen sind viel komplizierter als Zahlen. Aber auch ohne Verkörperung ist die Seele noch da. Sie war immer schon da, und sie bleibt da. So wie die Zahl 10 hoch 100 da ist – man kann ja mit ihr rechnen, obwohl sie nicht verkörpert ist. Allerdings halte ich eine rein abstrakte Existenz für keinen erstrebenswerten Zustand. Eine unverkörperte Seele lebt nicht mehr. Sie erlebt nichts mehr. Sie erkennt nichts mehr.

Warum sollte eine Seele etwas Abstraktes sein? Weil sie zu großen Teilen aus Möglichkeiten besteht: »In diesem Fall hätte ich jenes getan.« – »Ich stelle mir vor, ich wäre Astronaut.« Diese Möglichkeiten wirken in der Seele nicht weniger als die Wirklichkeit. Anna liebt Bruno, weil er sie niemals betrügen würde. Nicht weil er sie niemals betrogen hat. Nicht weil er sie niemals betrügen wird. Sondern weil er sie niemals betrügen würde. So gesehen, ist die Seele ein abstraktes Ding. Wie eine Zahl. Abgesehen davon haben Seelen wenig mit Zahlen zu tun. Sie sind unvergleichlich viel reicher. Auf die Zahl Drei kann man überall treffen. Menschen hingegen sind Unikate.

So haben es Sokrates und Platon bestimmt nicht gemeint. Das ist nur mein unzulänglicher Versuch, ihnen entgegenzukommen. Zusammenkommen werden wir nicht. Anders als sie glaube ich, dass alles Geschehen in der Welt physikalisch ist. Das heißt nicht, dass ich an die Physik als einzige Quelle der Wahrheit glaube. Ich glaube aber, dass nichts in der Welt jenseits der Physik liegt. Alles hat auch eine physikalische Seite. Auch scheinbar so unphysikalische Dinge wie ein Gedanke. Bei ihm besteht die physikalische Seite aus neuronalen Aktivierungen im Gehirn eines Menschen. Zugegeben, von innen sieht so ein Gedanke ganz anders aus als von außen. Aber das gilt auch für andere Dinge. Die Fassade eines Hauses sieht völlig anders aus als das Wohnzimmer. Der Körper ist die Fassade eines Menschen, sein Seelenleben das Wohnzimmer.

Der Absturz und seine Folgen haben mich bestärkt in meinem Physikalismus. Davon handelt das nächste Kapitel.

8 Meine rechte Hand

Wie meine Verletzungen mir zeigten, dass ich ein körperliches Wesen bin

Kennen Sie Ihren Nervus radialis? Wenn nicht, darf ich ihn Ihnen vorstellen: Es ist ein knapp kleinfingerdicker Nervenstrang, der im Hals vom Rückenmark abzweigt, unter dem Schulterblatt durchläuft, sich in einer Spirale um den Oberarmknochen windet, am Ellenbogengelenk vorbeischlüpft und dann in mehreren Ästen im Unterarm und in der Hand endet. Sie benutzen Ihren Nervus radialis so gut wie immer, wenn Sie Ihre Hand benutzen. Er bedient die Streckmuskulatur der Hand. Ohne ihn hinge sie am Handgelenk wie ein nasser Waschlappen.

Als ich nach meinem Absturz und der Operation im Klinikum Garmisch langsam wieder zu mir kam, war ich zunächst erleichtert: Mein rechter Arm war mir geblieben. Zwar war der Oberarmknochen, immerhin einer der stabilsten Knochen des Skeletts, in acht Teile zertrümmert. Aber die Brüche hörten jeweils zwei Zentimeter über dem Ellenbogengelenk und unter dem Schultergelenk auf. Als die Unfallchirurgen sahen, dass die Gelenke selbst unversehrt waren, beschlossen sie, den Arm dranzulassen. »Wären auch die Gelenke betroffen gewesen, dann hätten wir ihn wahrscheinlich amputiert«, sagte mir hinterher einer von ihnen. Mein Schutzengel hatte wirklich Maßarbeit geleistet.

Mit der Zeit allerdings mischte sich mehr und mehr Sorge in die Erleichterung. Meine rechte Hand gehorchte mir nicht mehr richtig. Ich konnte zwar das Handgelenk beugen und zugreifen. Aber ich konnte es nicht mehr strecken und loslassen. Daran erkannten die Mediziner, woran es liegen musste: an meinem Radialisnerv. Er, der die Hand mit dem Gehirn verbindet, leitete offenbar keine Signale mehr weiter. Es war nicht überraschend, dass er etwas abbekommen hatte, so eng, wie er sich an den Oberarmknochen schmiegt, der jetzt in Trümmern lag. Ein Stück weit läuft der Nerv sogar durch eine Furche im Knochen, an dieser Stelle hat er bei einem Bruch kaum Raum, um auszuweichen. Da trifft es sich ungünstig, dass gerade er als besonders empfindlicher unter den Nervensträngen des Körpers bekannt ist. »Den Radialis muss man nur anschauen, und er ist beleidigt«, sagte mir ein Unfallchirurg. Die Knochenstücke müssen meinen rechten Nervus radialis gezerrt haben, vielleicht auch geschnitten oder gestochen. Während der Operation hatten die Chirurgen gesehen, dass der Radialisnerv nicht durchtrennt war. Doch er sah strapaziert aus. Blut war in seine Schutzhülle eingedrungen.

Wie schwer der Schaden war, konnte niemand abschätzen. Die Hoffnung war, dass der Nerv nur vorübergehend verstimmt sei und sich bald wieder erholen würde. »In ein paar Tagen«, hieß es anfangs. Dann »in ein paar Wochen«. Dann »in ein paar Monaten«. Schließlich: hoffentlich irgendwann. Aber nur, wenn ich etwas dafür tue. Geschädigte Nerven heilen nicht von selbst, wie verletzte Haut, Knochen oder Muskeln, sondern brauchen Reize. Und sie heilen langsam, sehr langsam: Ein Millimeter pro Tag ist die Faustregel. Ungefähr 30 Zentimeter meines Radialisnervs waren geschädigt. Macht mindestens zehn Monate Heilungsdauer. Das war die unerbittliche Arithmetik meiner Radialislähmung.

Die ersten Wochen waren die schwierigsten. Jeden Tag üben, mindestens eine Stunde lang. Mit einer gelähmten Hand üben, das bedeutet: seinen ganzen Willen darauf richten, sie bewegen zu wollen. Die Übung besteht allein im

Bewegenwollen. Äußerlich rührt sich nichts. Stundenlang wollen und nicht können, Tag für Tag, das ist enorm frustrierend. Zum Glück bin ich enorm stur. Es war die einzige Chance. Nicht wenige Radialispatienten geben nach ein paar Wochen auf und bleiben gelähmt.

Ich arbeitete in dieser Zeit als Journalist weiter. Aber meine Arbeitsweise veränderte sich völlig. Mit einer Tastatur konnte ich so gut wie nichts mehr anfangen. Ich installierte ein Spracherkennungsprogramm auf meinem Computer und begann, mit ihm zu reden. Ich sagte ihm, welche Programme, Dateien und Fenster er öffnen oder schließen solle, und diktierte ihm meine Artikel. Diktierte Texte, stellte ich fest, haben einen ganz anderen Charakter als geschriebene. Sie sind klangvoller und assoziativer in den Übergängen, die sie zusammenhalten. Es waren nicht mehr die Texte, die ich von mir kannte. Der Unfall hatte einen anderen Journalisten aus mir gemacht. Auch dieses Buch ist teils mit einem Spracherkennungsprogramm diktiert, teils einhändig getippt (mit der linken Hand von einem Rechtshänder), teils ist es mit krakeliger Schrift im Rehazentrum zwischen Krankengymnastik und Massage geschrieben.

Es war keine fröhliche Zeit für mich, aber eine interessante. Ich verstand in diesen dunklen Wintermonaten, was es bedeutet, ein körperliches Wesen zu sein. Ich war nicht mehr derselbe Mensch, nur ohne Hand. Die gelähmte Hand fehlte mir nicht nur, sie veränderte mich. Ich erlebte, wie eng mein Denken mit meinem Körper verbunden ist. Wenn ich nicht bereits zuvor ein Physikalist gewesen wäre, dann wäre jetzt einer aus mir geworden.

In der Philosophie gibt es eine große Tradition der Geringschätzung des Körpers. Schuld daran ist, man ahnt es vielleicht schon: Platon. Auch das Christentum ließ sich von Platons Leibfeindlichkeit anstecken. Der Überträger war der Kirchenvater Augustinus, der seine spektakuläre Wandlung vom sexgierigen Lebemann zum strenggläubigen Asketen als Triumph des Geistes über den Körper deutete. Als junger Mann war Augustinus alles andere als ein Verächter leiblicher Genüsse. Der Spross einer reichen nordägyptischen Familie trank und feierte gern und zeugte ein uneheliches Kind. Erst später bekehrte er sich zum Asketen. Seine Wandlung beschrieb er in seinem Hauptwerk, den *Confessiones*, einer öffentlichen Beichte, in der er die Ausschweifungen seines früheren Ichs detailliert beschreibt und seine Mitmenschen zur Umkehr aufruft. Noch heute tragen manche Ordensleute die Folgen. Sie vermeiden es, sich selbst nackt zu sehen. Sie legen sich in ihrer Tracht (»gegürtet«) zum Schlafen.

Das ist das Bild vom Menschen, das die Philosophie für Jahrtausende dominierte: Wir sind eingesperrt im Körper und blinzeln durch die kleinen Fenster unserer Augen hinaus in das bunte Treiben der Welt. Wir ergründen das Wesen dieser Welt, indem wir bewusst beobachten und darüber reflektieren, was wohl hinter den Erscheinungen liegen mag. In seinem Dialog *Der Staat* beschreibt Platon unser Verhältnis zur Welt mit seinem berühmten Höhlengleichnis: Was wir mit den Augen sehen, sind nicht die wahren Dinge, sondern nur deren Schatten. Wer die Welt verstehen will, muss hinter die Erscheinungen schauen. Das kann man nicht mit den Augen, sondern nur mit dem Geist. Von Platon über René Descartes und Immanuel Kant bis Edmund Husserl betrachteten die Philosophen den Menschen als erkennendes Subjekt, das einer grundsätzlich dubiosen Außenwelt gegenübersteht. Sie beschäftigten sich mit Fragen wie: Was können wir über die Außenwelt wissen? Wie sicher ist dieses Wissen? Welches Wissen ist unabhängig von der Erfahrung?

Es bedurfte eines philosophischen Schwergewichts, um diese Tradition herauszufordern: Martin Heidegger, der wunderliche Metaphysiker aus dem Schwarzwald. Er war nicht einverstanden mit der Annahme, dass wir zu Wissen über die Welt kommen, indem wir uns aus ihr zurückziehen, sie aus sicherer Warte beobachten und unsere Theorien über sie formulieren. Heidegger bestritt nicht, dass die traditionellen Fragen von Interesse sind. Er bestritt, dass sie die fundamentalen Fragen sind. Menschen sind keine weltentrückten Wesen, die aus den Logen ihrer Schädel dem Theater der objektiven Wirklichkeit zuschauen. Sie sind von Anfang an mittendrin im Schauspiel. Ja, der Mensch ist auch ein Beobachter und ein Wissender, daran rüttelt Heidegger nicht. Aber das ist nicht, was den Menschen zu dem macht, was er ist. Zunächst einmal atmet ein Mensch, er isst und trinkt und hat Kleider an, er verdient seinen Lebensunterhalt. Darin besteht sein Dasein, sagte Heidegger. Erst auf dieser Grundlage kann der Mensch dann staunen, reflektieren, forschen und wissen.

Als Heidegger über unser Verhältnis zu den Dingen der Welt sinnierte, stellte er fest, dass dabei das Bewusstsein und die Phänomene – all das, was Descartes, Kant und Husserl so wichtig genommen hatten – überhaupt keine Rolle spielten. Wir sehen eben nicht Erscheinungen von Häusern, Stühlen oder anderen Menschen, sondern schlicht Häuser, Stühle und andere Menschen. Seltsam! Wie konnte das sein? Heidegger illustrierte es an einem Beispiel, das später berühmt wurde: der Hammer. Wenn ein guter Zimmermann mit dem Hammer arbeitet, dann vergisst er den Hammer. Der Hammer ist gerade nicht in seinem Bewusstsein. Vielleicht achtet er auf die Nägel, vielleicht nicht einmal auf sie. Der Zimmerer verliert sich ganz in seinem Tun. Die Werkzeuge werden sozusagen durchsichtig für ihn. »Zuhandenheit« nennt Heidegger dieses Verhältnis des Handwerkers zu seinen Werkzeugen. Nur wenn etwas schiefgeht, zum Beispiel der Schaft des Hammers bricht, ein Nagel sich verbiegt oder der Zimmermann sich auf den Daumen haut, wird er sich der Situation und der Werkzeuge bewusst. Dann mag er über das Holz des Schafts nachdenken, das Gewicht des Hammerkopfes abschätzen. Eine Subjekt-Objekt-Beziehung entsteht, wie sie in die Philosophie à la Descartes passt.

Vom Zuschauer zum Mitmacher – das wirkt zunächst wie eine eher geringfügige Veränderung der Sehweise von der Theorie zur Praxis. Aber dahinter steckt viel mehr. Heidegger entwickelte eine Sicht des menschlichen Tuns, die ganz ohne Rede über Geistiges auskommt. Etwas wollen, etwas glauben, einer Regel folgen – all diese rätselhaften Dinge, über die sich die Philosophen in den Jahrhunderten zuvor die Köpfe zerbrochen hatten, stutzte Heidegger zurecht. Die Phänomene des Bewusstseins machen nur einen kleinen Teil des menschlichen Tuns aus, behauptete er. Nur wenn etwas schiefgeht, zum Beispiel mit dem Hammer, wird der Mensch zu dem Problemlöser, der er laut der Tradition die ganze Zeit ist. Dann erst trifft das Menschenbild der traditionellen Philosophie: Wenn der Schaft des Hammers bricht oder die Nägel ausgehen, wird aus dem in seine Arbeit vertieften Handwerker ein seiner selbst und seiner Umwelt bewusstes Wesen. Er nimmt den Hammer als ein Objekt mit Eigenschaften wahr, vielleicht aus braunem Holz und glänzendem Eisen, rund ein Pfund schwer liegt es ihm in der Hand. Erst auf dieser Ebene beginnt die formale Logik: die sogenannte Prädikatenlogik erster Stufe. Für viele Philosophen der analytischen Tradition ist die Logik das Fundament. Für Heidegger ist sie sozusagen das zweite Stockwerk.

Heidegger hatte eine Verwechslung der traditionellen Philosophie aufgedeckt: Existenz sei Anwesenheit im Bewusstsein. Eben nicht. Sondern im Gegenteil: Für Heidegger ist Sein Abwesenheit. Der Hammer ist das, was der Zimmermeister in der Hand schwingt, wenn er ganz in seiner Arbeit aufgeht. Nur ab und zu treten die Dinge aus dem Dunkel ihres Seins heraus in die »Lichtung« (eine weitere Schrulle aus Heideggers Vokabular). Aber sie zeigen sich nie in der ganzen Fülle ihres Seins, sondern stets nur unter einem Aspekt.

Heidegger ist nicht mein bester Freund unter den Philosophen. Sein Gehabe, seine verschwurbelte Sprache und seine Nähe zum Nationalsozialismus wecken nicht meine Sympathie. Aber da hat er – und selten passt die Floskel so wie hier – den Nagel auf den Kopf getroffen. Das Fundament unseres Daseins ist das In-der-Welt-Sein, nicht das Von-außen-auf-die-Welt-Schauen. Heidegger hatte erkannt, dass das reine Denken weder Anfang noch Ende der Philosophie sein kann. Bevor ein Mensch zu höherem Denken ansetzen kann, sagte Heidegger, findet er sich als handelndes Wesen in der Welt. Er muss zurechtkommen in diesem Durcheinander, bevor er es gedanklich hinterfragen kann. Das Handeln kommt vor dem Denken, das Greifen vor dem Begreifen, die Hand kommt vor dem Hirn.

Ich bekam eine eindrucksvolle Bestätigung dafür, als ich nach meinem Absturz unfreiwillig die Gegenprobe machte. Mit gelähmter Hand ist nicht mehr viel zuhanden. Ich war nicht mehr in der Welt, wie ich es zuvor gewesen war. Ich war ein Stück aus der Welt gerutscht. Es war ein bisschen so, als könne ich das, was ich zuvor live miterlebt hatte, jetzt nur noch im Fernsehen verfolgen. Nicht mein Körper ist mein Gefängnis. Eher war ich im Gefängnis, als mir die rechte Hand fehlte.

Das heute vorherrschende Bild vom Menschen ist geprägt von der Gehirnforschung. Seit sie so auftrumpft, spielt wissenschaftlich und philosophisch die Musik im Oberstübchen des Menschen. Unser Denken, unsere Gefühle, unsere Wahrnehmungen, unsere Wünsche und Pläne sollen in den anderthalb Kilogramm Gehirn wohnen, die jeder von uns im Schädel herumträgt. »Du bist dein Gehirn«, ist die implizite Botschaft – als hätte es Heidegger nie gegeben. Wer aber einen menschlichen Körper betrachtet und in seinem Tun beobachtet, wird schwerlich vom Gehirn gefesselt. Vielleicht fällt ihm die feine Mimik des Gesichts auf, über die kein Tier verfügt. Vielleicht beeindruckt ihn der vielseitige Stimmapparat, auch er ein Unikum. Das eindrucksvollste Element unserer Biomaschine ist jedoch die Hand.

Welch ein mechanisches Wunderwerk die menschliche Hand ist, sieht man schon Babys an – die sie noch nicht richtig benutzen können. Sie liegen brabbelnd und fuchtelnd im Babybett, während gleichaltrige Schimpansen schon umherstreifen. Der Mensch braucht Jahre, um einigermaßen selbstständig zu werden. Erst nach einigen Monaten kann ein Säugling richtig zugreifen. Es scheint, als würden menschliche Babys viel langsamer lernen als etwa Schimpansenbabys. Doch das täuscht. Die motorischen Programme, die ein heranwachsender Mensch lernen muss, sind viel komplexer als die eines Schimpansen. Das bekam ich zu spüren, als die Muskeln meiner rechten Hand in den Monaten nach dem Absturz allmählich wiedererwachten. Ich war ein bisschen wie ein Säugling in dieser Zeit. Ich musste neu lernen, meine Hand zu bewegen. Gemeinsam mit meiner Tochter, anderthalb Jahre alt bei meinem Absturz, stapelte ich Bauklötze. Gemeinsam entwickelten wir unsere Feinmotorik.

Dabei erlebte ich, was für erstaunliche Dinge wir tagtäglich mit unseren Händen vollbringen, ohne darauf zu achten. Wir können zum Beispiel mit ihnen sehen: blind eine Form abtasten und daraus ein visuelles Bild ableiten. Das ist eine Fertigkeit, die nach allem, was wir wissen, nur der Mensch besitzt. In der Ergotherapie lernte ich, immer komplexere Formen zu ertasten. Ich verstand, dass wir Formen überhaupt nur richtig wahrnehmen, wenn wir sie begreifen können: Wir nehmen sie in die Hand, drehen und wenden sie, tasten sie ab.

Früher glaubte ich, dass es das Gehirn sei, was einen Menschen ausmacht. Es sei der Sitz des Wahrnehmens, Fühlens und Denkens. Ein einfaches Gedankenexperiment dazu: Gehirntransplantation. Wenn man das Gehirn eines Menschen in den Körper eines anderen setzt, dann habe man mit dem Gehirn auch den Menschen verpflanzt, davon war ich überzeugt. Das ist ein Irrtum. Ein Gehirn ohne Körper ist gar nichts, ebenso wie ein Körper ohne Gehirn. Das Körperliche und das Geistige sind ohne einander nicht denkbar. Wir denken nicht mit dem bloßen Gehirn, sondern mit der Gesamtheit aus Kopf und Körper. Wir sagen »höher«, »ablehnen« und »begreifen«, wir »haben etwas im Kopf«, »nehmen etwas in die Hand, oder etwas »liegt mir im Magen« – das sind körperliche Begriffe als abstrakte Konzepte. Diese Körperlichkeit ist wesentlich für unser Denken.

Das Gehirn ist ein atemberaubend komplexes Organ. Jeder Mensch hat so viele neuronale Verbindungen im Kopf, wie die gesamte Menschheit Haare auf den Köpfen hat. Früher stellten Forscher sich die Funktion des Gehirns wie einen Computer vor, der digitale Information nach den Regeln der Logik verarbeitet, Schritt für Schritt. Ein Algorithmus aus Fleisch und Blut. Inzwischen wird immer deutlicher, dass dieses Bild nicht passt. Das Gehirn ist keine Rechen-, sondern eine Kartierungsmaschine. Seine Beschäftigung besteht darin, ständig die Welt in sich abzubilden: die Außenwelt und den eigenen Körper und manchmal auch Dinge, die es gar nicht gibt. Jeder Mensch hat Karten seiner Wohnung und seines Rückens im Kopf. Wenn sich eine Veränderung zeigt, werden diese Karten sogleich aktualisiert. Als meine rechte Hand gelähmt war, müssen sich die sensomotorischen Karten in meinem Gehirn verändert haben. Das Gehirn ist nicht in sich gekehrt. Es ist seiner Bauweise nach »in der Welt«.

Wenn jemand eine Verletzung am rechten Arm hat, beispielsweise einen Knochenbruch, dann beginnt sein Gehirn sogleich, sich umzubauen. Bereits nach ein paar Tagen ist die weiße Masse in seiner linken Gehirnhälfte, die für die rechte Körperseite zuständig ist, messbar geschwunden, haben Neurowissenschaftler beobachtet. Dafür legt in der linken Gehirnhälfte die weiße Masse zu. Das Gehirn vollzieht die körperliche Veränderung sofort mit. Inzwischen können Wissenschaftler per Gehirnscan sogar Karateanfänger von Könnern unterscheiden. In den Gehirnen der Schwarzgürtler hat die weiße Substanz, die die Verbindungen zwischen den motorischen Schaltelementen herstellt, eine andere Struktur. Der Unterschied zwischen Anfängern und Könnern liegt also nicht nur in den Muskeln und Sehnen, sondern auch im Gehirn. Wer möchte da noch auf einer Unterscheidung zwischen Leib und Seele beharren? Es gibt dafür keinen Grund als Sturheit. In anderen Kulturen, in der japanischen zum Beispiel, kennt man diese Unterscheidung ohnehin nicht. Auf die Frage, ob ein Körper beseelt oder unbeseelt sei, würde ein Japaner nur verwundert mit den Schlitzaugen blinzeln.

Mit dem Körper ist der Mensch in der Welt. Nur mit der Entwicklung seines Körpers entwickelten sich auch die erstaunlichen Fähigkeiten seines Gehirns – seines Geistes. Und zuallererst unsere Hände sind es, mit der wir in die Welt eingreifen. Hand und Hirn müssen sich gemeinsam entwickelt haben. Auch andere Primaten – Schimpansen, Gorillas, Orang-Utans – haben raffinierte Hände. Aber sie verhalten sich zu menschlichen Händen wie ein Säbel zu einem Skalpell. Die Raffinesse der menschlichen Hand ist einzigartig im Tierreich. Oberflächlich gesehen, ähneln sich die Hände von Menschen und Schimpansen, aber bei näherem Hinsehen erkennt man die Unterschiede. Die menschliche Hand ist komplexer gebaut, viel reicher in ihren Fähigkeiten. Ein Schimpansengehirn könnte ihre motorischen und sensorischen Möglichkeiten gar nicht ausschöpfen. Der wichtigste Unterschied liegt im Daumen, der beim Menschen deutlich kräftiger ausgebildet ist. Nur der Mensch und seine allernächsten Verwandten können den Daumen zum besseren Greifen den anderen Fingern gegenüberstellen. Um diese alltägliche, aber biomechanisch äußerst komplizierte Bewegung auszuführen, sind neun Einzelmuskeln um den Daumen herum gruppiert. Der Daumen ist es vor allem, der uns unsere Fingerfertigkeit verleiht. Allein der menschliche Daumen genüge, sagte einst Isaac Newton, um zu zeigen, dass das Universum von Gott entworfen ist. Wer seinen Daumen noch nicht zu schätzen weiß, sollte ihn einmal probehalber an der Hand festbinden und versuchen, einen Nagel einzuschlagen, eine Türe aufzuschließen oder sein Hemd zuzuknöpfen. Es ist mühsam.

Der Daumen war der letzte Finger, der an meiner rechten Hand wiedererwachte. Für Monate hatte er bewegungslos von der Handfläche gehangen. Erst nach langem Üben schaffte ich es, den Daumen einen Millimeter von der geschlossenen Hand abzuheben. Nach einem Jahr konnte ich endlich wieder »Daumen hoch!« geben. »Denk doch mal an Stephen Hawking, diesen Physiker im Rollstuhl, der ist komplett gelähmt, und er kommt doch auch klar« – solche Sätze hörte ich mehrmals von Leuten, die mir mit meiner gelähmten Hand begegneten. Ermutigend gemeint, wirkten sie eher entmutigend auf mich. Es ist wirklich erstaunlich: Die rechte Hand ist ein so kleiner Teil des Körpers. Aber ihr Verlust fühlte sich an, als sei ich ein Stück aus der Welt hinausgeworfen worden.

Eine Weile nachdem ich meinen Alltag von der rechten Hand auf die linke umstellen musste, bemerkte ich subtile Veränderungen in meinem Denken und Fühlen. Ich wurde offener in meiner Wahrnehmung, weniger prozedural in meinem Denken, elastischer in meiner Frustrationstoleranz. Der Wandel mag mit der Erfahrung zu tun haben, die ich an jenem Allerheiligentag gemacht hatte. Doch diese Erklärung reicht mir nicht aus. Ich vermute, dass die wesentliche Ursache in der Lähmung meiner rechten Hand lag.

Die rechte Hand ist, wie die gesamte rechte Körperhälfte, mit der linken Gehirnhälfte verbunden. Die Hemisphären des Gehirns sind auf den ersten Blick spiegelsymmetrisch – bei näherer Betrachtung mit wissenschaftlichen Methoden zeigen sich jedoch feine Unterschiede in den Proportionen, in der Feinstruktur und im Stoffwechsel. Die Ursachen dieser Asymmetrie sind noch nicht geklärt, genauso wenig wie die Auswirkungen. Der schottische Mediziner und Geisteswissenschaftler Iain McGilchrist hat eine kluge Theorie dazu entwickelt, die inzwischen mehr und mehr Anhänger unter Gehirnforschern findet: Die Hemisphären haben unterschiedliche Persönlichkeiten. Ja, McGilchrist spricht allen Ernstes von Persönlichkeiten. Aus Experimenten und Untersuchungen von Schlaganfallpatienten ist bekannt, dass die Hälften des Gehirns weitgehend unabhängig voneinander funktionieren können. Jede für sich kann Bewusstsein hervorbringen. Wie bei einem harmonierenden Ehepaar ergänzen sich ihre Gegensätze. Die linke Gehirnhälfte denkt logisch, algorithmisch, methodisch, mit akribischem Blick auf Details. Sie fügt Neues in bekannte Schemata. Die rechte Hemisphäre, die spiegelbildlich mit der linken Körperhälfte verbunden ist, ist offener in ihrer Wahrnehmung. Sie ist nachsichtig in den Details, sie sieht das große Ganze. Ich war die meiste Zeit meines Daseins als Heranwachsender und Erwachsener ein Linkshemisphärentyp. Physik war mein Lieblingsfach in der Schule, Schach mein Hobby. Ich habe Logik und Mathematik studiert. Ich war auch ein ausgeprägter Rechtshänder.

Nach meinem Unfall musste die linke Hand das Regiment übernehmen. Sie musste Aufgaben erfüllen, die sie zuvor gern der rechten überlassen hatte – und sie aktivierte verstärkt meine rechte Gehirnhälfte. Ich habe den Verdacht, dass der Handwechsel meine Persönlichkeit verändert hat. Das ist natürlich nur Spekulation, aber eine plausible und fundierte. Ich habe McGilchrist in London getroffen und mich ausführlich mit ihm über seine Theorie unterhalten. Sie passt zur Veränderung, die ich erlebt habe. Wenn diese Spekulation zutrifft, dann ist die Wirkung meines Absturzes auf mich ein deutlicher Hinweis darauf, dass Menschen keine ätherischen Seelen sind, die in Maschinen aus Knochen und Fleisch wohnen. Jede Veränderung des Körpers verändert die Seele. Jede seelische Regung bewirkt etwas im Körper. Man kann raffinierte Theorien darüber aufstellen, wie sie interagieren. Oder einfach akzeptieren, dass sie eins sind.

Eines Tages im Juli 2012, ein gutes halbes Jahr nach dem Absturz, drückte mir ein Physiotherapeut drei Bälle in die Hand und zeigte mir, wie man jongliert – etwas, das ich vor dem Absturz nicht konnte. Ich brauchte eine ganze Weile, um es zu lernen, aber ich lernte es. Der Moment, in dem die drei Bälle in der Luft blieben: Das war der Moment, in dem ich ganz zurück in der Welt war.

9 Bin ich überhaupt jemand, und wenn ja, wer?

Warum man sein Selbst nicht so wichtig nehmen sollte

Wer seinen Tod überleben will, muss in drei Fragen Klarheit gewinnen: Was ist der Tod? Was bedeutet »überleben«? Wer bin ich? Mit der ersten Frage haben wir in Kapitel 5 gerungen. Die zweite Frage gehen wir im nächsten Kapitel an. Bleibt die dritte: Wer genau ist es, der den Tod überleben soll? Es ist trivial, dass irgendwer meinen Tod überlebt. Milliarden Menschen überleben meinen Tod. Aber ich selbst will meinen Tod überleben.

Wer also bin ich? Blöde Frage, sagen Sie vielleicht, soll er doch in den Spiegel schauen. Aber geben Sie mir ein wenig Zeit, Sie zu überzeugen, dass die Frage doch nicht so blöd ist. Ich halte sie sogar für eine der schwierigsten Fragen überhaupt. Seit jeher grübeln Philosophen über das, was heute oft »das Problem der personalen Identität« genannt wird. Fast jeder große Philosoph der abendländischen Kultur hatte etwas dazu zu sagen, während sich die östliche Philosophie auffällig wenig für die personale Identität interessiert. In diesem Kapitel betrachten wir einige dieser Überlegungen.

Stellen Sie sich vor, Hans ist eines Abends mit Philip verabredet, einem alten Freund. Viele Jahre haben die beiden sich nicht gesehen. Philip betritt also die Kneipe. Ja, genau, dieser Gang, dieses Lachen, denkt Hans, unverkennbar Philip! Hans begrüßt den vermeintlichen alten Freund, sie bestellen zwei Bier und beginnen, von damals zu reden – und ahnen bald, dass hier was nicht stimmt. Sie finden einfach keine Gemeinsamkeiten in ihrer Vergangenheit. Dann kommt noch jemand herein und begrüßt Hans: »Hallo Hans, schön, dich nach so langer Zeit wiederzusehen.« Hans ist verwirrt. Offenbar ist der zweite Philip der richtige. Aber Hans erkennt ihn nicht wieder. Philip sieht ganz anders aus als damals, redet anders und erinnert sich an ganz andere Geschichten als jene, die Hans von damals im Gedächtnis hat. Das ist doch nicht der Philip von damals, denkt Hans. Unglaublich, wie er sich verändert hat.

»Er ist nicht mehr derselbe«, das sagt man manchmal so dahin. Wann meint man es ernst? In der Geschichte mit den zwei Philips betrachtet Hans den zweiten Philip schließlich als den richtigen, obwohl seine Vorstellung von Philip viel besser auf den ersten Philip passt. Es kommt offenbar nicht nur auf das Aussehen und den Charakter an, sondern auch auf etwas ganz anderes: auf die Biografie, die vom damaligen zum heutigen Philip führt. Aber kann ein Mensch sich so verändern, dass er wirklich nicht mehr derselbe ist? Im alltäglichen Leben bereitet diese Frage selten Schwierigkeiten. Aber am Ende des Lebens wird sie spannend. Der Tod ist die radikalste Veränderung. Wie ist es möglich, danach derselbe zu bleiben?

Philosophisch gesehen wirkt diese Frage schon aus Prinzip verdächtig. Jemand soll derselbe bleiben, während er sich verändert? Das klingt wie ein Widerspruch in sich. Wenn etwas dasselbe bleibt, verändert es sich nicht, und wenn sich etwas verändert, bleibt es nicht dasselbe. Irgendetwas scheint es in einem Menschen geben zu müssen, das immer bleibt. Einem Dualisten wie Platon fällt es leicht, so etwas zu finden: die Seele, die er für unzerstörbar hält. Ein Mensch bleibt durch alle Veränderungen derselbe, solange seine Seele dieselbe bleibt.

Als die immaterielle Seele unter Philosophen allmählich aus der Mode geriet, mussten sie sich andere Kriterien für personale Identität einfallen lassen. Die erste Idee war, das Gedächtnis als Seelenersatz zu nehmen. Gottfried Wilhelm Leibniz spielte diese Idee im Jahr 1686 in seinem *Diskurs über Metaphysik* durch: Angenommen, jemand hat die Gelegenheit, Kaiser von China zu werden, überlegte Leibniz. Das war offenbar Leibniz' Vorstellung eines Traumjobs. Allerdings hat die Sache einen Haken: Sein Gedächtnis wird vollständig gelöscht. Er muss alles vergessen, was er weiß und was er gewesen ist. Sozusagen eine komplette Neuinstallation von Linux auf einem Windows-Rechner. (Übrigens korrespondierte Leibniz tatsächlich mit dem Kaiser von China, allerdings nicht über diesen Gedankenversuch.) Wäre das nicht gleichbedeutend damit, vernichtet zu werden, um gleichzeitig einen neuen Kaiser von China zu schaffen, fragt Leibniz. Unter diesen Umständen würde er seinen Traumjob ablehnen. Kurzum: keine Kontinuität der Person ohne Kontinuität des Gedächtnisses.

Der englische Empirist John Locke, ein Zeitgenosse von Leibniz, durchdachte diese Idee weiter. Seine kurze Antwort auf die Frage, was eine Person ausmache, lautet: »ein denkendes intelligentes Wesen, das Verstand und Reflexion besitzt und sich selbst als sich selbst betrachten kann, als dasselbe denkende Ding, zu verschiedenen Zeiten an verschiedenen Orten«. Noch kürzer gesagt: Eine Person ist ein beständiges Bewusstsein ihrer selbst.

Das bedeutet natürlich nicht, dass für die Identität einer Person wirklich alle Erinnerungen bleiben müssen. Um das zu demonstrieren, erdachte der schottische Philosoph Thomas Reid, der kurz nach Locke lebte, die Geschichte »eines mutigen Offiziers, der als Bub dafür verhauen wurde, einen Obstgarten geplündert zu haben, der auf seinem ersten Feldzug die Standarte des Feindes ergatterte und der im späteren

Leben zum General befördert wurde«. Nun kann es ja sein, dass dieser Offizier sich noch an die Prügel erinnerte, als er die Standarte errang, und sich an die Standarte erinnerte, als er General wurde, dann aber jede Erinnerung an die Prügel verloren hatte. Müsste man wirklich alle Erinnerungen behalten, um derselbe zu bleiben, dann wäre vielleicht der Offizier als Bub derselbe wie der junge Soldat und der junge Soldat derselbe wie der General, nicht aber der Bub derselbe wie der General – ein logischer Widerspruch. Für die Identität des Offiziers genügt, dass sich die Erinnerungen in seinen diversen Lebensphasen überlappen. Kontinuierliche Veränderung ist erlaubt.

Aber auch mit heftigsten Gedächtnisbrüchen kann eine Person dieselbe bleiben. Der englische Schriftsteller S. J. Watson erzählt in dem herrlichen Thriller *Ich. Darf. Nicht. Schlafen.* aus dem Jahr 2011 die Geschichte einer Frau namens Christine, die jeden Morgen mit kompletter Amnesie aufwacht. Sie erkennt weder ihren Mann noch ihre Wohnung, noch sich selbst. Anhand eines Tagebuchs, das sie führt, versucht sie, ihre Identität zu rekonstruieren. Wäre eine Kontinuität des Gedächtnisses notwendig für personale Identität, dann wäre ihr Unternehmen sinnlos. Denn diese Kontinuität reißt Nacht für Nacht ab. Und doch weiß der Leser des Romans, wonach Christine in der Vergangenheit sucht: ihre eigene Vergangenheit nämlich. Was aber macht diese Vergangenheit zu ihrer Vergangenheit? Ich sehe nur eine denkbare Antwort: Es ist die Vergangenheit ihres Körpers.

Das ist die vielleicht natürlichste Lösung des personalen Identitätsproblems: Eine Person ist ein Körper. Christine bleibt Christine, weil jeden Morgen in ihrem Bett dasselbe Gebilde aus Fleisch, Knochen und Blut aufwacht. Das ist die Sicht des Menschen, die offenbar auch die frühen Christen hatten. Sie setzten den Menschen gleich mit seinem Körper, zumindest lassen sich einige ihrer Schriften so deuten.

Ihr Chefideologe Paulus rang mit der Frage der personalen Identität Jesu, als er über dessen Auferstehung schrieb. Er legte größten Wert darauf, dass die leibliche Kontinuität zwischen dem gekreuzigten Jesus und dem auferstandenen Jesus gewahrt blieb. Wie sonst hätte er sicher sagen können, dass es ein und derselbe Jesus war? Jesus selbst überzeugt den ungläubigen Thomas mit körperlichen Mitteln von seiner Identität: »Streck deinen Finger aus – hier sind meine Hände! Streck deine Hand aus und leg sie in meine Seite!«, zitiert ihn der Evangelist Johannes.

Nehmen wir also an, ein Mensch sei gleich seinem Körper. Von einem Tag auf den anderen bereitet das keine Schwierigkeiten. Ich bin heute Morgen mit demselben Körper aufgewacht, mit dem ich abends zuvor eingeschlafen bin, und dieser selbe Körper wird wahrscheinlich auch nächste Woche noch unbestritten der Meinige sein. Aber in zehn Jahren? In diesem Zeitraum wechselt der Körper so gut wie alle Zellen aus. Ist es noch derselbe Körper? Aber ja doch, antworten die meisten Menschen, und dagegen ist nichts zu sagen, außer dass es keine Selbstverständlichkeit, sondern eine Entscheidung ist, es so zu sehen. Man kann es auch so sehen, dass der Körper ausgewechselt ist.

Menschen sind also Wesen, die über die Zeit dieselben bleiben, während sie kleinere Veränderungen durchlaufen. Die Frage der personalen Identität ist die Frage, wie groß diese Veränderungen sein dürfen, ohne dass die Person ihre Identität verliert. Jedes Mal, wenn ich mich an der Nase kratze, verliere ich ein paar Hautzellen – und bleibe doch derselbe. Wenn jemand eine Abmagerungskur macht und 15 Kilogramm Körpergewicht verliert, riskiert er damit sicherlich nicht die Identität seiner Person. Wenn ich einen Arm oder ein Bein verlieren würde, bliebe der restliche Körper eindeutig meiner. Und wenn ich mehr als die Hälfte meines Körpers verlieren würde? Dann ist die Antwort schon weniger klar. Gar nicht mehr klar ist sie für die Besatzung des Raumschiffes Enterprise in der Serie *Star Trek*. Sie lassen sich mit den raffinierten Geräten im »Transporterraum« der Enterprise auf Planeten »beamen«. Dabei werden ihre Körper in ihre atomaren Bestandteile zerlegt und am Zielort neu aufgebaut. Bleiben sie dabei dieselben Menschen – also: bleiben sie dieselben Körper? Die Offiziere der Enterprise zerbrechen sich nicht den Kopf über diese Frage, aber die Philosophen diskutieren heftig darüber.

Ist der Tobias Hürter, der in diesem Augenblick an einem Buch über seinen Absturz schreibt, noch derselbe wie jener Tobias Hürter, der an einem Septembertag des Jahres 1978 mit einer selbst gebastelten Schultüte durch den Münchner Stadtteil Solln im Münchner Süden lief? So reden wir üblicherweise, aber eine von unserer Rede unabhängige Tatsache ist es nicht. Der Tobias Hürter von damals hatte eine ganz andere Erlebenswelt als der Tobias Hürter von heute, ein anderes Wissen, andere Erinnerungen, andere Verhaltensmuster. Das meiste von dem, was mich damals beschäftigte, habe ich – hat ein Tobias Hürter zwischendrin vergessen. Ich habe einige Freunde, denen ich ähnlicher bin als dem Tobias Hürter von 1978. Mein Körper und mein Gedächtnis haben sich seitdem weitgehend erneuert. Bin ich heute noch derselbe Tobias Hürter wie 1978? Bin ich noch derselbe wie vor meinem Absturz? Die meisten Menschen würden Ja sagen. Man kann aber auch Nein sagen.

Was eine Person ausmacht, ist eben nicht so scharf umrissen, wie Philosophen es gerne hätten. Es gibt bestimmte Zutaten für personale Identität, aber kein festes Rezept: Eine Kontinuität der Erinnerung gehört dazu, körperliche Kontinuität und unbewusste Prägungen – Charakter. Man kann sich verschiedene Situationen ausdenken, in denen diese Zutaten verschiedenes Gewicht haben. Aber ein klares Kriterium für die Identität einer Person ist nicht in Sicht. Der britische Philosoph Derek Parfit hat besonders gründlich darüber nachgedacht, was eine Person ist. Er hat die abstrusesten Szenarien von Gedächtnisverlusten, Gehirntransplantationen und Teletransportern durchdacht und kommt zu dem Schluss: Personale Identität ist keine Frage von ganz oder gar nicht. Sie hat Abstufungen, ähnlich wie die Identität einer Nation. War das Deutschland von 1815 dasselbe wie das Deutschland von 2013? Es gibt kein einfaches Ja oder Nein. Parfit stellt sich zum Beispiel vor, dass beim Beamen durch einen technischen Defekt das Original im Transporterraum bestehen bleibt. Es gibt jetzt also zwei Captain Kirks, das Original im Transporterraum und die Kopie auf der Planetenoberfläche. Nun würde man sicherlich dem Original zugestehen, weiterhin der echte Captain Kirk zu sein. Aber was, wenn das Original dann stirbt? Übernimmt dann die Kopie seine Identität? Sie ist zwar nicht im strengen Sinn identisch mit Kirk, sagt Parfit, aber sie trägt so viele seiner Erinnerungen in sich und hat so viele psychologische Verbindungen zu ihm, dass er sozusagen in ihr fortlebt. Auf diese psychologischen Verbindungen kommt es an, sagt Parfit, nicht auf die Frage, ob das nun wirklich Kirk ist oder nicht. Es gibt Wichtigeres für einen Menschen als seine personale Identität, sagt Parfit. Das meiste, was wirklich zählt, lässt sich formulieren, ohne »ich« zu sagen. Werte und Gründe sind wichtig, die Abgrenzung einer Person gegen andere hingegen ist nicht so wichtig. Daraus zieht Parfit weitreichende Folgerungen für unsere Moral und unsere Rationalität, für unsere Verpflichtungen gegenüber künftigen Generationen und unsere Haltung gegenüber dem Tod. Beispielsweise folgert er aus seiner Vorstellung der personalen Identität, dass es oft rational ist, entgegen seinem eigenen Interesse zu handeln. Die Degradierung des Selbst mag dem gesunden Menschenverstand widersprechen, aber sie ist auch eine Befreiung vom Egoismus. »Die Wahrheit unterscheidet sich sehr von dem, was wir zu glauben geneigt sind«, erklärt Parfit.

Dieser Tobias Hürter kommt mir immer ominöser vor. Wer ist er? Was macht ihn zu mir? Was macht mich aus? Mein Gedächtnis ist es nicht, mein Körper ist es nicht, und eine immaterielle Seele habe ich nicht. Offenbar gibt es keine einfache Wahrheit über meine Identität. Es ist wie so oft mit der Philosophie: Sie beginnt mit einer einfachen Frage, und am Ende ist alles so kompliziert, dass sich niemand mehr auskennt. Vielleicht ist das gerade gut so. Es gibt uns Spielraum. Wir können selbst definieren, wer wir sind, was den Kern unserer Identität ausmachen soll. Vielleicht ist gerade das die Aufgabe, die uns das Leben stellt. Und ich glaube, es ist unsere Chance, den Tod zu überleben. Davon handeln die zwei nächsten Kapitel.

10 Die ausgetretenen Pfade zur Unsterblichkeit

Was Religion und Wissenschaft für die Ewigkeit versprechen

»I don't wanna live forever.« –
Motörhead – Ace of Spades

Jede Religion hat ihre eigenen Götter und Riten. Aber fast alle von ihnen eint das Versprechen, das sie ihren Anhängern machen: Unsterblichkeit. »Und wo du in dem Glauben bist, dass nach diesem Leben kein anderes Leben sei, so wollte ich auch um deinen Gott nicht einen Pfifferling geben«, sagte Martin Luther in einer Neujahrspredigt. Man könnte fast sagen: Religionen sind Veranstaltungen, die die Sehnsucht nach Unsterblichkeit bedienen.

Es ist ein Glaube mit Tradition, älter als das Menschheitsgedächtnis. Schon die Neandertaler begruben sorgsam ihre Toten und statteten sie für ein Leben nach dem Tod aus. Alle Kulturen ehren ihre Verstorbenen. Keine hat je ihre Körper als wertlose Kadaver behandelt. Fast alle großen Religionen – der Vergangenheit und der Gegenwart, an allen Enden der Erde – malen sich eine Form der Unsterblichkeit aus. Schon in Gräbern von Neandertalern haben Archäologen Waffen, Werkzeuge und Knochen von Opfertieren gefunden, die den Toten mitgegeben wurden, vermutlich für eine Welt, in die sie nach dem Glauben der Hinterbliebenen übertraten und die unserer ähneln sollte.

Sehr wahrscheinlich haben die allermeisten Menschen, die

seit Bestehen unserer Art gelebt haben, an einen Gott geglaubt, darunter viele der Größten und Weisesten, zu allen Zeiten, in allen Kulturen. Und mit einem Gott glaubten sie wahrscheinlich auch an eine Form der Wiederauferstehung oder Unsterblichkeit. Es ist aus westeuropäischer Froschperspektive leicht aus den Augen zu verlieren, dass das heute noch genauso gilt wie früher. Außer in den »gottlosen« Regionen Westeuropa, Skandinavien und Australien ist die Vorherrschaft des Glaubens ungebrochen.

Für viele Christen ist es die entscheidende Verheißung ihres Glaubens: Wenn sie auf Erden gottgefällig leben, kommen sie in den Himmel. Wer sich hier danebenbenimmt, wird in der Hölle schmoren. Daher versteht es sich für viele Christen von selbst, Dualist zu sein: Sie glauben, dass sie aus einer Seele und einem Körper bestehen, die zwar eng verbunden, aber verschieden voneinander sind. Beim Tod stirbt der Körper. Die Seele kommt in den Himmel.

Wer allerdings die Schriften liest, die dem Christentum heilig sind, findet darin wenig, was diese Hoffnung nährt. Für ihre Verfasser war der Mensch vor allem der Leib. Die christliche Auferstehung ist die Auferstehung des Fleisches. »Deine Toten werden leben, die Leichen stehen wieder auf; wer in der Erde liegt, wird erwachen und jubeln«, prophezeit das alttestamentarische Buch Jesaja. Auch das Neue Testament kann man lesen, ohne eine vom Körper unabhängige Seele zu bemühen. Nach den Erzählungen der Evangelisten und des Urtheologen Paulus ersteht Jesus leiblich auf – von einer körperlosen Seele ist nicht die Rede. Jesus selbst spricht nicht von einem Jenseits, in das wir nach dem Tod gelangen sollen, sondern von einem künftigen »Reich Gottes«: »Sondern das Königreich des Vaters ist ausgebreitet über die Erde, und die Menschen sehen es nicht«, steht im apokryphen Thomasevangelium. Die Zeugen Jehovas, die auf eine ganz und gar buchstäbliche Deutung der Bibel Wert legen, glauben, dass es mit dem Tod erst einmal aus ist für den Menschen. Da wartet kein Paradies. Erst am Jüngsten Tag erstehen die Toten leibhaftig aus den Gräbern auf.

Leibhaftige Auferstehung, geht das überhaupt? Ein toter Körper ist unwiederbringlich außer Betrieb, sonst wäre er nicht tot. Eine leibliche Auferstehung scheint ein Widerspruch in sich zu sein. Was geschieht in der Zwischenzeit mit dem Körper? Und wo bleibt die Seele? Schon Paulus muss geahnt haben, dass diese Fragen für Diskussionen sorgen würden. Er spricht sie in seinem ersten Brief an die Korinther an: »Nun könnte einer fragen: Wie werden die Toten auferweckt, was für einen Leib werden sie haben? Törichte Frage!« Paulus beantwortet sie trotzdem. Er vergleicht den Menschen mit einem Samen, der erst sterben muss, um aufzugehen. »Was gesät wird, ist verweslich, was auferweckt wird, unverweslich. Was gesät wird, ist armselig, was auferweckt wird, herrlich. Was gesät wird, ist schwach, was auferweckt wird, ist stark. Gesät wird ein irdischer Leib, auferweckt ein überirdischer Leib.« Das finde ich nicht sehr erhellend. Spätere Theologen haben sich über diese Frage heftig zerstritten. Die »Mortalisten« beharrten, dass der Tod ein Totalschaden ist. Mit dem Körper geht auch die Seele dahin. Erst am Jüngsten Tag stellt Gott sie wieder her. Martin Luther, John Calvin und andere »Hypnopsychisten« widersprachen: Die Seele sei in der Zwischenzeit noch da, sie schlafe nur. Das ist allerdings auch nicht erhellender.

Die meisten Körper allerdings, denen die Bibel die Wiederauferstehung verspricht, werden am Jüngsten Tag nicht so frisch sein wie der Leichnam Jesu am dritten Tag nach seiner Kreuzigung. Sie sind dann längst in ihre molekularen Bestandteile zersetzt. Selbst wenn Gott sie in mühsamer Kleinarbeit wieder zusammensetzen würde – dieses Wassermolekül neben jenes Kalziumion –, wäre nicht klar, ob dabei wirklich dieselben Körper herauskämen. Der amerikanische

Metaphysiker Peter van Inwagen hat gründlich über diese Frage nachgedacht und schließlich befunden: nicht dieselben Körper. Er illustriert es mit einer Geschichte von einer Handschrift des heiligen Augustinus, die vor langer Zeit zerstört wurde. Man stelle sich vor, die Atome der Handschrift würden auf wundersame Weise wieder zusammenfinden, zu einem dem Original exakt gleichenden Manuskript. Ist nun das Original wiedererstanden oder eine Kopie neu erstanden? Eindeutig eine Kopie, sagt van Inwagen. Und so verneint er die Frage, ob ein wieder zusammengesetzter Körper gleich dem ursprünglichen Körper ist. Hat er damit den Auferstehungsglauben des frühen Christentums erschüttert? Ich glaube nicht. Kehren wir zurück zur Geschichte von der augustinischen Handschrift. Was, wenn sie nur in ein paar Stücke zerrissen war, statt in alle Atome zu zerfallen? Dann würden wir doch selbstverständlich davon sprechen, dass das Original wiederhergestellt ist. Und so spricht auch nichts dagegen, den auferstandenen Körper mit dem begrabenen gleichzusetzen. Es gibt kein klares Ja oder Nein. Man kann glauben, dass man selbst aufersteht – oder dass jemand aufersteht, der einem sehr ähnlich ist. Diese Unklarheit kann Gott allerdings vermeiden, indem er zu einem Trick greift, den van Inwagen ihm empfiehlt: Er kann den Körper im Moment des Todes unbemerkt durch ein Ebenbild ersetzen, das dann verrotten kann, während Gott das Original für den Jüngsten Tag aufbewahrt. Klingt aberwitzig, rettet aber immerhin den Glauben an die leibliche Auferstehung.

Klar ist aber, dass der frühchristliche Auferstehungsglaube keine Seele vorsieht. Er ist Physikalismus, ihm zufolge ist der Mensch nichts als Körper. Im Christentum vermischen sich also zwei gegenläufige Vorstellungen vom Leben nach dem Tod: die diesseitige Auferstehung und der Übergang der Seele ins Jenseits. Das passt nicht zusammen. Es erklärt, warum das Christentum insgesamt kein schlüssiges Bild davon zu bieten hat, wie es nach dem Tod weitergeht. In Kapitel 7 haben wir gesehen, wie der Dualismus sich ins Christentum einschlich: Ein paar frühe Christen waren nebenbei Platoniker und zwängten beide Lehren zusammen. Nicht alle späteren Christen sind erfreut über diesen hellenistischen Import: »Die griechische Lehre von der Unsterblichkeit der Seele wird irrtümlich auch als christliche Idee betrachtet«, klagt der zurückgetretene Papst Joseph Ratzinger alias Benedikt XVI. in seiner *Einführung in das Christentum*.

Platon, der Athener Überphilosoph, hatte ein schlüssiges Bild vom Leben nach dem Tod. Er glaubte an eine immaterielle Seele, die unseren materiellen Körper belebt. Damit ergab sich für ihn ganz von selbst eine Aussicht auf Unsterblichkeit: Die Seele könnte ohne den Körper weiterleben. Zwar hätte sie dann nicht mehr die sensorischen und motorischen Möglichkeiten, die sich aus ihrer Verbindung mit dem Körper ergaben – zumindest nicht, solange sie sich nicht mit einem neuen Körper verbindet. Doch wer weiß, vielleicht kann auch eine körperlose Seele so etwas wie ein inneres Leben führen. Vielleicht können körperlose Seelen sich auf anderen Wegen mit der Welt oder miteinander austauschen. Ich weiß von nichts, was es zwingend widerlegen würde. Ich weiß allerdings auch von nichts, was dafür spräche.

Platon stellte sich vor, dass die Seele nach dem Tod ins Reich der Ideen hinübergeht: wo alles schön und gut, perfekt und ewig ist. Der Seele winkt dort die reine Erkenntnis, nichts Körperliches steht mehr zwischen ihr und den Ideen. Für Platon ist es das Paradies. Andere fänden es vielleicht langweilig.

Der britische Philosoph Peter Strawson (1919–2006) jedenfalls war nicht begeistert von Platons Vision eines reinen Seelendaseins. Ohne Körper können wir als Personen gar nicht existieren, hielt er Platon entgegen. Normalerweise schreiben wir uns sowohl geistige wie körperliche Eigenschaften zu: Ich tue das und das, empfinde so und so, sehe und höre etwas; ich bin so und so groß und so und so schwer. Aber warum schreiben wir geistige Zustände überhaupt einem bestimmten Subjekt zu? Und warum einem bestimmten körperlichen Ding? Eine notwendige Bedingung, sich selbst geistige Zustände zuzuschreiben, besteht für Strawson darin, dass man sie auch anderen zuschreiben kann. Im Alltag scheint das völlig klar zu sein. Wenn wir sagen »Ich habe Schmerzen« und »Er hat Schmerzen«, dann nehmen wir an, dass »Schmerzen haben« in beiden Fällen dasselbe bedeutet. Offenbar kann die Eigenschaft »Schmerzen haben« auf eine ganze Reihe von unterschiedlichen Subjekten zutreffen. Damit ich aber einem bestimmten Subjekt bestimmte Eigenschaften zuschreiben kann, muss ich dieses Subjekt offenbar identifizieren können, es muss daher auch körperliche Eigenschaften besitzen. Um sagen zu können, dass eine Person »Schmerzen hat«, muss ich in der Lage sein, diese Person wiederzuerkennen und von anderen Wesen zu unterscheiden. Bei einem rein geistigen Wesen, das ich nicht einmal wahrnehmen kann, ist aber völlig unklar, wie das gelingen soll. Ein »denkendes Ding« ist ein Niemand. Als körperlose Seele im platonischen Paradies würden wir uns selbst nicht wiedererkennen. Folglich muss ein Subjekt sowohl geistige als auch körperliche Eigenschaften haben, ein reiner Geist kann nicht existieren.

Mit ihrem Konzept einer unsterblichen Seele hatten Sokrates und Platon einen gewaltigen Einfluss auf die abendländische Kultur. Doch sie waren Sonderlinge und sicherlich nicht repräsentativ für die religiöse Haltung der alten Griechen. Für gewöhnliche Griechen war das Reich der Ideen wohl keine große Verlockung. Sie zogen lieber zu Tausenden nach Eleusis, eine Tagesreise nordwestlich von Athen gelegen, und feierten Orgien. Im Kult von Eleusis wurden Riten zelebriert, die sich um Demeter drehten, die Göttin der Fruchtbarkeit und des Todes. Wie genau die Zeremonien von Eleusis abliefen, ist nicht überliefert, die Teilnehmer waren unter Androhung der Todesstrafe zu Geheimhaltung verpflichtet. Die wenigen Berichte von ihnen erzählen von Waschungen, Tänzen und Tieropfern. Vermutlich waren auch Sex, Alkohol und andere psychotrope Wirkstoffe im Spiel. Das Ziel jedoch ist wohlbekannt: geistige Erneuerung durch Begegnung mit dem Tod. Wer den Ritus durchlief, sollte lernen, seine Sterblichkeit zu akzeptieren. Der Tod blieb etwas Fürchterliches und Unvermeidliches, aber er war nicht das Ende. Die Riten von Eleusis konnten niemandem Unsterblichkeit verleihen, die blieb den Göttern vorbehalten. Aber er half den Menschen, ohne Furcht vor dem drohenden Tod und deshalb in größerer Fülle zu leben. Man kann den Demeterkult als Gegenentwurf zu Platon sehen: Mysterium gegen Vernunft. Doch hatten auch Platon und seine Freunde keine Schwierigkeiten damit, beides unter einen Hut zu bringen. In Platons *Gastmahl* erzählt Alkibiades von einem Sokrates, der tagelang in Meditation versinkt, die Nächte durchmacht, sich mit Alkohol berauscht und auf einem Feldzug in Ekstase barfuß über das Eis spaziert, auf das sich seine Mitsoldaten nicht mit Stiefeln wagen.

Auch der Buddhismus hat die Vorstellung eines Lebens nach dem Tod im Angebot. Buddhisten glauben an Reinkarnation: daran, dass Menschen sich nach ihrem Tod erneut körperlich manifestieren können. Sie haben den Titel Trülku für Meister, die sie als Wiedergeburt eines früheren Meisters erkannt haben. Der berühmteste Trülku ist der Dalai Lama. Während die meisten Menschen eine unwillkürliche Reinkarnation sind, hat sich ein Trülku in seiner früheren Existenz bewusst dafür entschieden und bestimmt, wo er wiedergeboren wird.

Ich muss gestehen, dass mir das buddhistische Konzept

noch weniger schlüssig erscheint als das christliche. Manchmal ist die Rede davon, dass sich mentale Prozesse aus dem früheren Leben in der nächsten Reinkarnation fortsetzen können. Zum Beispiel wird ein neuer Dalai Lama danach ausgewählt, ob er Gegenstände, die einem früheren Dalai Lama gehört haben, identifizieren kann. Aber die Lehre sieht nicht vor, dass ein Leben geradlinig in einem anderen Körper weitergeht. Erinnerungen, Überzeugungen, Pläne, Wünsche, Freunde, Familie: All das geht verloren. Ist Reinkarnation etwas Persönliches? Offenbar nicht. Aber was ist es dann, was »wieder ins Fleisch kommt« (nichts anderes heißt Reinkarnation). Die buddhistischen Lehrer haben keine schlüssige Antwort. Personale Identität interessiert sie nicht sonderlich, im Gegenteil: Sie halten sie für etwas, dessen man sich besser entledigen sollte. Was jemand meint, der »ich« sagt, ist eine Hülle, die es abzustreifen gilt.

Darin liegt ein bezeichnender Unterschied zwischen den Unsterblichkeitsvorstellungen der Religionen des Westens und des Ostens. Im Christentum bleibt die Identität des Menschen nach dem Tod erhalten – gerade darauf legen Christus und die Christen großen Wert. Für Buddhisten und Hinduisten ist der Tod eine willkommene Gelegenheit, ihre Identität zurückzulassen. Sie sehnen sich danach, nach ihrem weltlichen Dasein in einem großen Ganzen aufzugehen, dem Nirwana oder Brahman, einem überindividuellen Zustand der Erlösung von den Bedürfnissen, die die Menschen sonst plagen. Kein Wunder, dass westliche Rezipienten dieses Konzept zunächst missverstanden. Sie übersetzten »Nirwana« anfangs mit »Nichts«. So entstand die Wendung »im Nirwana verschwinden«. In westlichen Augen ein unerfreulicher Gedanke, in östlichen Augen das höchste Ziel.

Man kann die Unsterblichkeitskonzepte der Kulturen weltweit in zwei Kategorien einteilen: jene, die den Körper in das Leben nach dem Tod mitnehmen wollen, und jene, die ihn zurücklassen wollen. Dieser Unterschied zeigt sich augenscheinlich in den Begräbnisritualen. Wenn etwa Buddhisten ihre Toten den Geiern zum Fraß überlassen, dann tun sie dies nicht aus Missachtung, sondern aus Respekt für den Verstorbenen. Sie wollen die Seele dazu bewegen, das hinfällige Fleisch zu verlassen. Am anderen, dem körperlichen Ende des Spektrums steht der Kult der alten Ägypter. Sie taten alles dafür, dass es nach dem Tod möglichst genauso weitergeht wie vorher. Sie präparierten die Körper ihrer Toten sorgfältig für die Ewigkeit, Organ für Organ mit speziellen Balsamierungsmethoden. Das real existierende Christentum hat je ein Bein in beiden Kategorien. Seinem Ursprung nach müsste es auf der körperlichen Seite sein. Aber viele Christen von heute haben diesen Ursprung vergessen. Eine Feuerbestattung, wie viele sie für sich verfügen, ist sicherlich nicht im Sinne einer körperlichen Auferstehung.

Wie kommt es, dass so gut wie alle Religionen Unsterblichkeit versprechen? Drei denkbare Erklärungen fallen mir ein: Vielleicht ist es schlicht richtig, was sie versprechen. Vielleicht stillen sie damit ein tiefes Bedürfnis des Menschen. Oder vielleicht sind die Religionen Teil eines noch größeren Unternehmens, das nach Unsterblichkeit strebt. Ich vermute, an allen drei Erklärungen ist etwas dran.

Die Sehnsucht nach Unsterblichkeit wurzelt tief im Menschen. Woraus wächst sie? In ihrer einfachsten Form aus dem Überlebenswillen, den uns die Evolution mitgegeben hat. Immer weiter, durch alle Verletzungen und Krankheiten. Alle irdischen Lebewesen haben diesen Trieb. »Wir sind Überlebensmaschinen«, sagt der englische Evolutionsbiologe Richard Dawkins, »aber das ›Wir‹ meint nicht nur uns Menschen. Es umfasst alle Tiere, Pflanzen, Bakterien und Viren.« Für die allermeisten irdischen Lebensformen ist der Kampf ums Überleben aussichtslos. Sie sterben ihrer Natur nach. Aber nicht alle. Manche Seegurkenarten können unter den richtigen Bedingungen ewig leben, behaupten Biologen, ebenso Pilze, Haie, Schildkröten und Quallen. Unsterblichkeit ist also keine biologische Unmöglichkeit, offenbar nicht einmal eine sonderlich hoch entwickelte Eigenschaft. Rein biologisch betrachtet, müsste der Tod nicht sein. Er ist keine Verschleißfolge. Unsere Körper sind darauf programmiert zu überleben – und zu sterben. Irdische Lebewesen sind darauf ausgelegt, Nahrung zum Erhalt und zur Reparatur ihrer Körper zu finden – bis ihre Fortpflanzung gesichert ist. Dann jedoch übernehmen allmählich genetische Programme die Kontrolle, die den Körper altern lassen, bis er stirbt. Eintagsfliegen und Heuschrecken fallen buchstäblich binnen Stunden auseinander.

Aber Menschen sind komplizierter als andere Tiere, auch in ihrem Widerstand gegen den Tod. Der Psychologe Jesse Bering hat beobachtet, dass kleine Kinder, noch bevor sie in eine Religion oder ein Weltbild hineinwachsen, daran glauben, dass die Seele den Tod des Körpers überlebt. Bering vermutet, dass dieser Glaube dem Paradox der Sterblichkeit entspringt, dem wir in Kapitel 4 begegnet sind: Unsere hoch entwickelten Gehirne sträuben sich gegen die Vorstellung ihrer eigenen Auslöschung. Vielleicht ist es kein aktives Bemühen, das hinter dem Wunsch nach Unsterblichkeit steckt, sondern schlicht Bequemlichkeit: Es bedarf keiner Anstrengung, nicht an den Tod zu glauben. Vielmehr kostet es Mühe, den Tod anzuerkennen. Ohne äußere oder innere Veranlassung verfallen wir wieder in einen Bewusstseinszustand, in dem der Gedanke an den Tod – also das Ende aller Bewusstseinszustände – nicht vorkommt. Der englische Dichter Edward Young schrieb: »Alle Menschen glauben, dass alle Menschen sterblich sind, außer ihnen selbst.«

In eine solche Denkfalle könnte auch Johann Wolfgang von Goethe getappt sein, als er sich zum Glauben an die Unsterblichkeit bekannte. Im Gespräch mit dem Kanzler von Müller gab er sich überzeugt, »dass unser Geist ein Wesen ganz unzerstörbarer Natur« sei. »Es ist ein fortwirkendes von Ewigkeit zu Ewigkeit, es ist der Sonne ähnlich, die bloß unsern irdischen Augen unterzugehen scheint, die aber eigentlich nie untergeht, sondern unaufhörlich fortleuchtet«, sagte er dem Kanzler und erklärte weiter: »Den Beweis der Unsterblichkeit muss jeder in sich selbst tragen.« Diesen Beweis sah Goethe darin, dass keiner sich seinen Tod vorstellen könne. Seine Begründung dafür haben wir bereits in Kapitel 4 kennengelernt. Aber warum soll es ein Beweis für Unsterblichkeit sein? Ich habe den Verdacht, dass es sich hier um einen klassischen Fehlschluss handelt. Goethe verwechselte das Versagen der Vorstellungskraft mit einer Einsicht in die Wirklichkeit. Warum sollte nur das existieren, was der Mensch sich vorstellen kann? Ich kann mir auch nicht vorstellen, wie es ist, heute Nacht im traumlosen Tiefschlaf zu liegen. Ich kann es mir nicht vorstellen, weil es nichts vorzustellen gibt. Es gibt kein »wie es ist«. Im traumlosen Tiefschlaf erlebe ich so viel wie mein Bleistift oder dieses Buch, nämlich gar nichts. Auch Goethe selbst scheint sein Argument für die Unsterblichkeit nicht wirklich geglaubt zu haben. Wie jeder Sterbliche schrieb er ein Testament.

Überhaupt fand Goethe, dass es wichtigere Dinge gebe als die Unsterblichkeit: »Die Beschäftigung mit Unsterblichkeitsideen ist für vornehme Stände und besonders für Frauenzimmer, die nichts zu tun haben. Ein tüchtiger Mensch aber, der schon hier etwas ordentliches zu sein gedenkt und der daher täglich zu streben, zu kämpfen und zu wirken hat, lässt die künftige Welt auf sich beruhen und ist tätig und nützlich in dieser. Ferner sind Unsterblichkeitsgedanken für solche, die in Hinsicht auf Glück hier nicht zum Besten weggekommen sind.«

Das Leben in einer zivilisierten Gesellschaft eröffnet ganz von selbst Möglichkeiten, sich ein bisschen weniger sterblich zu machen: als Teil eines größeren Ganzen, einer Kultur, einer Nation, einer Religion. Sie bestehen länger als alle ihre Mitglieder, vielleicht ewig, aber nur weil sie von ihren einzelnen Mitgliedern weitergetragen werden. Die Sorge um das eigene Fortleben geht auf im Dienst am Fortbestand der Gemeinschaft. Der Einzelne findet ein neues Ziel, das im Gegensatz zur individuellen Unsterblichkeit auch erreichbar ist.

Unsere Gesellschaft bannt den Tod, aber sie hält die Toten am Leben. Tote sind auf unseren Geldscheinen abgebildet. Toten setzen wir Denkmäler. Wir benennen Straßen und Flughäfen nach ihnen. In den Kunstmuseen sind überwiegend die Werke toter Künstler ausgestellt. Die Religion jedoch ist auf dem Rückzug aus dem Alltag im 21. Jahrhundert in Mitteleuropa. Sie hinterlässt eine große Lücke, denn die Bedürfnisse der Menschen, die Fragen, Sehnsüchte und Hoffnungen sind ja geblieben und auch die Hoffnung auf Unsterblichkeit. Nun richtet sich diese Hoffnung auf die neue dominierende Kraft in unserer Gesellschaft: die Wissenschaft. Sie ist nun dran, die Antworten zu geben, die einst die Religion gab. Sie soll uns unseren Platz im Universum und den Sinn unseres Lebens erklären. Sie soll uns zu Unsterblichkeit verhelfen.

Manche Antworten der Wissenschaft auf diese Fragen ähneln verdächtig den alten Antworten der Religion. Für ein paar hunderttausend Euro kann man schon heute seinen frisch verstorbenen Körper einfrieren lassen, in der Hoffnung, dass künftige Generationen – vielleicht in 100 oder 200 Jahren – die technischen Mittel entwickeln, ihn wiederzubeleben, und auch Wert auf die Anwesenheit ihrer fernen Vorfahren legen. Ungefähr zum halben Preis kann man nur den Kopf einfrieren lassen. Wenn besagte Nachkommen schon die Wiederbelebung schaffen, können sie vermutlich auch einen Ersatzkörper herstellen. Es ist nicht mehr als eine

Hoffnung – kein wissenschaftliches Experiment fundiert sie. In unserer vom Glauben an den Fortschritt von Wissenschaft und Technik beherrschten Welt mag diese Hoffnung plausibler erscheinen als die Hoffnung eines Christen auf seine Wiederauferstehung von Gottes Gnaden. Aber nüchtern verglichen, sind beides bloße Hoffnungen, die einander sogar sehr ähnlich sind. Beide, der Christ und der Kryoniker, hoffen auf eine leibliche Wiederauferstehung durch eine Macht, die nicht von dieser Welt ist. Einmal gründet diese Hoffnung auf Gott, der in Gestalt seines Sohnes für uns am Kreuz gestorben ist, einmal auf einer künftigen Wissenschaft. Im Kern haben beide den gleichen Unsterblichkeitsgedanken.

Eine andere Hoffnung, wie die Wissenschaft uns Unsterblichkeit bescheren könnte, ist das Klonen. Die Herstellung genetisch weitgehend identischer Kopien unserer selbst soll unser Dasein verlängern. Aber diese Hoffnung ist genauso vage. Zwar ist es Biologen inzwischen gelungen, menschliche Embryonen zu klonen, die sie in eine Gebärmutter einpflanzen könnten. Aber selbst wenn sie dies täten, wäre der Weg zum ausgewachsenen Menschen noch weit, bei anderen Säugetieren hat er sich als unpassierbar erwiesen. Und selbst wenn er eines Tages gegangen wird, würden sich die Klone als eigenständige Persönlichkeiten in der Welt entwickeln – und auch sie wären sterblich. Durch Klonen entkommen wir dem Tod nicht. Bei genauerem Hinsehen sind die physikalischen Hürden, mit technischen Mitteln echte Unsterblichkeit zu erzielen, so hoch, dass sie mir unüberwindlich erscheinen. Echte Unsterblichkeit würde bedeuten, sich gegen das Ausbrennen der Sonne in ein paar Milliarden Jahren wappnen zu müssen und am Ende unseres Universums einen Fluchtweg in ein anderes Universum zu finden. Und selbst dann drohen tödliche Gefahren, die in einem endlichen Dasein vernachlässigbar sind, in einem ewigen

Dasein jedoch mit Sicherheit irgendwann hereinbrechen: Die Quantentheorie sagt voraus, dass irgendwann jeder Körper spontan in einem schwarzen Loch verschwindet, man muss nur lange genug warten. Oder der Kopf wird durch den Quantentunneleffekt plötzlich vom Körper getrennt. In einem Menschenleben natürlicher Länge geht die Wahrscheinlichkeit solcher Missgeschicke praktisch gegen null. In der Ewigkeit liegt sie bei 100 Prozent. Um solche Risiken zu umgehen, hat der schwedische Transhumanist Anders Sandberg die Idee, immer wieder Sicherungskopien des Ewigkeitskandidaten herzustellen – nicht nur genetische Klone, sondern physikalisch exakte Kopien. Und Kopien der Kopien. Und Kopien der Kopien der Kopien. Nicht dass Sandberg einen konkreten Vorschlag für die technische Implementierung hätte. Aber er kann mathematisch genau zeigen, dass seine Idee, sofern zu verwirklichen, eine zeitlich unbegrenzte Existenz sichern könnte. Das ist der wissenschaftliche Weg zur Unsterblichkeit: eine Welt, in der sich meine Kopien auf die Füße treten. Wer immer sich so etwas wünschen mag, ich nicht.

Wem das noch nicht radikal genug ist, der kann darauf hoffen, Unsterblichkeit in Siliziumchips zu finden. Der amerikanische Transhumanist Ray Kurzweil hat die Vision, den menschlichen Geist vollständig in den Speicher eines Computers zu übertragen, um der Biologie zu entfliehen. Der russische Milliardär Dmitry Itskov, der sein Vermögen im Internet gemacht hat, hat dazu die »Initiative 2045« ins Leben gerufen, deren erklärtes Ziel es ist, binnen der nächsten drei Jahrzehnte den menschlichen Geist vom menschlichen Körper zu entflechten. Itskov hat hochkarätige Wissenschaftler, Ingenieure und Philosophen versammelt, um eine Serie von vier »Avataren« zu entwickeln, die uns nach und nach aus unserem physischen Gefängnis befreien sollen, von Avatar A, einem durch Hirnströme gesteuerten Roboter, über Avatar B, einen künstlichen Körper mit eingepflanztem Gehirn, und Avatar C, ein künstliches Gehirn, auf das eine menschliche Persönlichkeit nach dem Tod ihres natürlichen Körpers übertragen werden soll, bis Avatar D, in dem der menschliche Geist in vernetzte Hologramme übertragen werden soll. Bisher jedoch gibt es nicht viel mehr als ein paar hübsche Demonstrationsversuche und einen offenen Brief an den UN-Generalsekretär Ban Ki-moon, in dem Itskov, Kurzweil und ihre Mitstreiter die Weltgemeinschaft aufrufen, bei der Überwindung unserer schwächlichen Biologie mitzutun.

Das Altern ist in den Augen der Transhumanisten eine Krankheit: weit verbreitet, bisher zu 100 Prozent tödlich, aber heilbar. Zur Prophylaxe schluckt Ray Kurzweil täglich 250 Nahrungsergänzungsmittel und trinkt literweise grünen Tee. Das verspricht kein lustiges Leben, aber vielleicht ein etwas längeres. Der englische Biologe Aubrey de Grey hat ein Programm namens SENS (Strategies for Engineered Negligible Senescence) gegen das Altern initiiert, mit dem er Menschen die Option auf unbegrenzte Lebenszeit öffnen will, vorrangig mit Methoden der regenerativen Medizin. Der erste Mensch, der ein Alter von über 1000 Jahren erreichen werde, sei bereits geboren, behauptet de Grey. In Worten: tausend. Die meisten Fachkollegen de Greys belächeln sein Vorhaben. Aber vielleicht ist es de Grey, der zuletzt lacht. Immerhin hat die Menschheit ihre Lebenserwartung bereits vervielfacht. Statistisch gesehen, wird schon heute jedes zweite in Deutschland geborene Baby über 100 Jahre alt werden, und der Trend zeigt keine Anzeichen von Abschwächung. Allerdings sind 1000 Jahre der Ewigkeit nicht näher als 30 Jahre. Aber diesen großen Schritt schaffen wir auch noch, da ist de Grey zuversichtlich. Er sieht eine Menschheit am Horizont, bei der die Sterbewahrscheinlichkeit statistisch unabhängig vom Alter in Jahren ist. Das wäre zwar die Abschaffung des Alterns, aber nicht die Abschaffung des Todes, denn der kann ja auch andere Ursachen haben. 1000 Jahre sind schon nicht schlecht, aber noch lange keine Unsterblichkeit.

Die Visionen von Sandberg, Kurzweil, Itskov, de Grey und Gleichgesinnten sind eher etwas für Nerds als für die Massen. Doch der Eifer der Transhumanisten offenbart, wie heftig der Wunsch in vielen Menschen brennt, dem Tod auszukommen. Aber ist Unsterblichkeit wirklich wünschenswert? In Kapitel 6 haben wir ein Argument dafür betrachtet, dass der Tod ein Übel ist: Er beraubt uns eines Lebens, das lebenswert wäre. Er nimmt uns etwas Gutes, ist ergo schlecht. Bedeutet das nun, dass Unsterblichkeit gut wäre? Mitnichten. Es könnte ja sein, dass uns irgendwann im Leben die guten Dinge ausgehen. Dann gibt es nichts mehr, dessen uns der Tod berauben könnte. Das Argument zieht nicht mehr. Mit Logik allein lässt sich nicht beweisen, dass Unsterblichkeit eine gute Sache wäre.

Der irische Satiriker Jonathan Swift spielte die Frage durch, ob Unsterblichkeit allein glücklich macht, als er in *Gullivers Reisen* seinen Helden im Inselreich Luggnagg südöstlich von Japan auf den Menschenschlag der Struldbrugs treffen ließ. Die Struldbrugs werden geboren wie ganz normale Menschen. Sie wachsen auf wie ganz normale Menschen. Aber im Unterschied zu normalen Menschen sterben sie nicht. Sie leben einfach weiter und weiter. Ewig. »Oh, ist das nicht wunderbar?«, jauchzt Gulliver zuerst. Dann erfährt er die Details. Die Struldbrugs leben nicht nur immer weiter. Sie altern auch immer weiter. Sie werden immer schwächer und seniler. Die Gebrechen machen ihnen das ewige Leben zur Hölle. Hätte Gulliver die Klassiker der Philosophie gelesen, zum Beispiel Seneca und Montaigne, dann wäre er gewarnt gewesen. Auch sie betrachteten den Tod als begrüßenswerte Befreiung von den Gebrechen des Alters.

Ewiges Leben allein genügt also nicht. Ewige Jugend muss dabei sein, um es wünschenswert zu machen. So meinen es vermutlich auch die meisten Menschen, wenn sie sich Unsterblichkeit wünschen: für immer jung und gesund. Ich befürchte allerdings, dass auch das nicht genügt. Eine Gesellschaft, in der die Menschen unbegrenzt lang leben, stünde vor gewaltigen sozialen Herausforderungen. Die Rente mit 65 wäre endgültig unfinanzierbar. Das Erbrecht wäre hinfällig, ebenso die Heiratsformel »bis dass der Tod uns scheidet«, weshalb das Eherecht zu reformieren wäre. Denn selbst die beste Partnerschaft hält nicht ewig. Und wenn all das geregelt ist, bliebe noch das Hauptproblem. Es ist gar nicht so einfach, sich die Ewigkeit abwechslungsreich zu gestalten. »Millionen sehnen sich nach Unsterblichkeit und wissen nicht, was sie an einem regnerischen Sonntagnachmittag anfangen sollen«, schrieb die britische Schriftstellerin Susan Ertz.

Ewige Jugend mag länger spannend bleiben als ewiges Alter, doch auch das hält nicht für die Ewigkeit. Irgendwann ist man in jeden Winkel der Welt gereist und auf jeden Gipfel jedes Gebirges gestiegen. Ich liebe thailändisches Essen – ich könnte es jeden Tag essen. Aber nicht Trillionen Jahre lang und dann noch mal Trillionen – und das wäre nicht einmal der Anfang. Ich schreibe gern Bücher und will noch einige schreiben. Aber nicht endlos eines nach dem anderen. Ein ewig junger Mensch mit Faible für Mathematik könnte sich vornehmen, die Goldbach'sche Vermutung zu überprüfen: Lässt sich jede gerade Zahl größer als 2 als Summe zweier Primzahlen schreiben? Ja, glauben die meisten Mathematiker. Aber sie können nicht sicher sein, denn einen Beweis haben sie bisher nicht gefunden. Ein ewiger Mathematiker könnte die Goldbach'sche Vermutung überprüfen, indem er die natürlichen Zahlen eine um die andere durchprobiert. Es wäre eine ehrenvolle Fleißaufgabe für die Ewigkeit, mit der man sich unter Mathematikern unsterblich machen könnte. Aber unsterblich ist man dann ja sowieso schon. Und wer will schon ewig rechnen? Eine Ahnung verdichtet sich: Unsterblichkeit macht auf die Dauer keinen Spaß. Das Leben verlöre jegliche Dramaturgie.

Der englische Philosoph Bernard Williams malte in seinem mittlerweile klassischen Aufsatz *The Makropulos Case: Reflections on the Tedium of Immortality* von 1973 den Schrecken der Unsterblichkeit aus. Seine Inspiration ist das Theaterstück *Der Fall Makropulos* des Tschechen Karel Čapek aus dem Jahr 1922, das von einer Frau namens Elina Makropulos alias Emilia Marty alias Ellian MacGregor und einer Reihe weiterer Aliassen mit den Initialen EM handelt, an der ihr Vater, der Hofalchemist eines Kaisers aus dem 16. Jahrhundert, ein Lebenselixier ausprobiert hat. Sie ist inzwischen 337. Mit den vielen Namen verbarg sie ihre Unsterblichkeit. Doch sie hat die Nase voll vom ewigen Leben. Da ist nichts mehr, was ihr Herz wärmt oder ihren Geist fesselt. »Singen und schweigen«, sagt sie, »letztlich ist es gleich.« Mit ihrer Gleichgültigkeit sät sie nichts als Unglück, bei sich und bei anderen Menschen. Schließlich weigert sie sich, das Elixier weiter zu nehmen, und stirbt. Als sie vor den Augen ihrer entsetzten Mitmenschen im Zeitraffer altert, übergibt sie das Rezept für das Elixier einer jungen Frau. Doch die verbrennt es an einer Kerzenflamme. Elina stirbt mit dem Vaterunser auf den Lippen. Wie Elina würde es jedem von uns gehen, behauptete Bernard Williams. Jedes ewige Leben, egal, wie es aussähe, würde in einen Albtraum münden – auch wenn es gefüllt mit Dingen wäre, die wir als Annehmlichkeiten empfinden. Wie langweilig wäre es, ohne Aussicht auf ein Lebensende zu leben! Es wäre die Langeweile schlechthin.

Schriftsteller haben immer wieder die Vorstellung eines Daseins ohne Tod durchgespielt, vom Fliegenden Holländer bis zu Dorian Gray, und die meisten dieser Geschichten enden tragisch. Der argentinische Schriftsteller Jorge Luis Borges erzählt in seiner Kurzgeschichte *Der Unsterbliche* von einem Reisenden namens Joseph, der nach beschwerlicher Reise zu einer geheimen Stadt der Unsterblichen gelangt. Ihre Bewohner sind gelähmt vom Wissen um ihre Unsterblichkeit. Sie kommen zu dem Schluss, dass »alles Tun eitel« sei. Sie beschließen, »im Denken zu leben, in der reinen Spekulation«. Das wirkliche Leben verliert jeden Wert für sie, weil jeder Mensch im Laufe seines ewigen Lebens alles erlebt. Joseph irrt durch den ungeheuren labyrinthischen Palast, den die Bewohner sich gebaut haben: »Immer wieder stieß ich auf blinde Gänge, auf unerreichbar hohe Fenster, auf prunkvolle Türen vor einer Zelle oder einem Brunnen, auf unglaublich verdrehte Treppen mit Stufen und Geländer nach unten. Andere, die seitlich vor einer Riesenmauer in der Luft schwebten, endeten, ohne irgendwohin zu führen, nach zwei, drei Windungen im oberen Schatten der Kuppeln.« Er sieht ein, dass Unsterblichkeit ein Schreckensschicksal ist: »Unsterblich zu sein ist bedeutungslos«, sagt er. »Der Tod (oder die Anspielung auf ihn) macht die Menschen wertvoll und anrührend. Das Bewegende an ihnen ist ihr gespenstischer Zustand; jede Handlung, die sie ausführen, kann die letzte sein; es gibt kein Gesicht, das nicht zerfließen wird wie das Gesicht in einem Traum. Alles hat bei den Sterblichen den Wert des Unwiederbringlichen und des Gefährdeten. Bei den Unsterblichen dagegen ist jede Handlung (und jeder Gedanke) das Echo von anderen, die ihr in der Vergangenheit ohne ersichtlichen Beginn vorangingen, oder zuverlässige Verheißung anderer, die sie in der Zukunft bis zum Taumel wiederholen werden. Es gibt kein Ding, das nicht gleichsam verloren wäre zwischen unermüdlichen Spiegeln. Nichts kann nur ein einziges Mal geschehen, nichts ist auf kostbare Weise gebrechlich.«

Dieses Grundmuster teilen viele Geschichten, die von der

Unsterblichkeit handeln: von der Sehnsucht nach Unsterblichkeit zur Einsicht in die Schrecken der Ewigkeit. Es sind Geschichten der Heilung von einem naiven Wahn. Also gut, finden wir uns damit ab: Die Abschaffung des Todes ist auch keine Lösung. Wir stehen vor einem Dilemma. Der Tod ist schlecht, kein Tod ist schrecklich. Es ist vertrackt.

11 Neue Wege zur Unsterblichkeit

Warum gute Menschen auch ohne Gottes Gnaden Aussichten haben, den Tod zu überleben

Unsterblichkeitsphantasien gibt es in allen Formen und Farben: mit Seele oder ohne, mit Meditation oder mit Pharmazie. Doch die hergebrachten Konzeptionen der Unsterblichkeit erweisen sich bei gründlicher Prüfung als weniger attraktiv, als sie zunächst scheinen, und noch dazu sind ihre Erfolgsaussichten sehr fraglich. Die technische Abschaffung des Todes, wenn sie denn gelänge, würde uns nicht glücklich machen. Die Verheißungen der Religionen lassen den angehenden Unsterblichen in wichtigen Fragen mit seiner Hoffnung allein. Er kann versuchen, sie umzudeuten: sie etwa so verstehen, dass »ewiges Leben« nicht eine wörtliche Fortsetzung des Menschen nach dem Tod seines Körpers bedeutet, sondern eine Lebensweise, die über die Zufälligkeiten der Zeit und des Orts hinausgeht und sich nach ewig gültigen Werten richtet. Oder er kann sich mit der Ersatzunsterblichkeit zufriedengeben, die unsere Alltagskultur anbietet. Er kann zum Beispiel Bücher schreiben, die vielleicht noch in hundert Jahren gelesen werden, oder eine Parkbank stiften, die ein Bronzeschild mit seinem Namen trägt. Aber das ist nicht, was er sich gewünscht hatte. »Ich will nicht durch meine Werke unsterblich werden«, sagt Woody Allen, »ich will unsterblich werden, indem ich nicht sterbe.« Wird er sich diesen Wunsch aus dem Kopf schlagen müssen?

Gehen wir die Sache neu an. Nicht technisch, nicht theologisch, sondern philosophisch. Zwar können Philosophen die Unsterblichkeit nicht beweisen – Philosophen können so gut wie nichts beweisen. Aber sie können immerhin zeigen, unter welchen Bedingungen Unsterblichkeit möglich ist. Die gute Nachricht ist, dass uns einige Philosophen von heute realistische Chancen auf Unsterblichkeit zugestehen. Wir betrachten in diesem Kapitel zwei sehr unterschiedliche Argumente dafür, die der Kanadier John Leslie und der US-Amerikaner Mark Johnston vorgelegt haben. Die Argumente von Leslie und Johnston sind zwar schwere philosophische Kost, aber Unsterblichkeit gibt es eben nicht gratis.

Die Frage ist also: Wie kann ein Mensch seinen Tod überleben? Oberflächlich betrachtet, ist es eine ziemlich blöde Frage. Ähnlich blöd wie: »Wie geht die Handlung eines Films nach dessen Ende weiter?« Oder: »An welcher Station hält der Zug nach der Endstation?« Tod bedeutet: Ende des Lebens. Überleben bedeutet: Leben geht weiter. »Den Tod überleben« sieht aus wie eine logische Unmöglichkeit. Ein Leben nach dem Ende des Lebens scheint absurd. Aber einfach nur unlogisch kann die Sache nicht sein. Seit Jahrtausenden, vielleicht sogar seit Zehntausenden Jahren fragen Menschen nach einem Weiterleben nach dem Tod. Sie sind überzeugt, dass die Antwort offen ist, und es ist unwahrscheinlich, dass sie alle einem einfachen logischen Irrtum erlegen sind. Wir haben schon vorgearbeitet gegen den logischen Showstopper, ein Mensch sei tot, wenn sein Körper nicht mehr funktioniert. Aber ein Mensch ist nicht nur ein Körper. Er ist eine Person, was immer das heißen mag, und die Identität einer Person ist nicht scharf umrissen und lässt deshalb Spielraum – auch Spielraum für Unsterblichkeit. Eine Person kann ganz oder in Teilen weiterbestehen, wenn der Körper nicht mehr funktioniert.

John Leslie, der an der kanadischen Westküste lebt, beginnt mit einer noch grundsätzlicheren Frage: Warum gibt es überhaupt irgendetwas und nicht vielmehr nichts? Er hat tatsächlich eine Antwort, und die ist kurz und erstaunlich: weil es besser so ist. Leslie ist Axiarchist, er glaubt, dass Werte von sich aus etwas in der Welt bewirken können. Damit vertritt er eine Position, die nur wenige Philosophen teilen. Aber immerhin kann Leslie sich auf Platon berufen: »Das Gute ist, was die Welt ordnet und zusammenhält«, zitiert er aus dem *Phaidon*. Leslie vertritt also einen radikalen Realismus der Werte: Die Welt ist so, wie sie ist, weil sie so sein soll. Das bedeutet insbesondere, dass es etwas geben muss. Denn wenn es überhaupt nichts gäbe, dann könnte es doch etwas geben. Zwei Möglichkeiten also: nichts oder etwas. Irgendetwas muss zwischen diesen Möglichkeiten entscheiden, und Leslie glaubt das Zünglein an der Waage zu kennen: Der abstrakte Wert, dass »etwas« besser ist als »nichts«, gebe den Ausschlag. Und da nun das Existierende einer grundsätzlichen Neigung der Welt zum Guten entspringt, muss es geistiger Natur sein, folgert Leslie. Der Grundstoff der Welt ist Bewusstsein. Warum das? Weil geistige Dinge vollkommene Einheiten sind, wohingegen materielle Dinge zusammengesetzt sind. Denn was einen Wert für sich hat, also nicht nur als Zweck wertvoll ist, muss eine Einheit sein, erklärt Leslie. So kommt er zu dem Schluss, dass die Welt aus Geistigem besteht. Wir leben in einer Welt der Ideen. Die materiellen Dinge sind nur ein müder Abklatsch der Ideen. Leslie ist Platoniker, und das ist noch eine Untertreibung. Er ist platonischer, als Platon es je war.

Im Zweifel gewinnt das Gute – aus diesem Prinzip leitet Leslie ein wahrlich grandioses Weltbild ab: Die Welt ist das Denkprodukt unendlich vieler göttlicher Geisteswesen. Diese göttlichen Geister denken buchstäblich die Welt, ihre Gedanken sind identisch mit der Welt. Jeder Mensch ist ein Teil dieses gewaltigen Denkprozesses. Und weil jene göttlichen Geister auf ewig existieren, kann auch jeder Mensch, da er von ihnen gedacht wird, unsterblich sein. Wem bei

Leslies metaphysischen Höhenflügen schwindlig wird, ist nicht allein. Extreme Axiarchisten wie Leslie sind selten unter Philosophen. Doch was immer man von seinen kühnen Annahmen halten mag – Werte sind objektiv, und sie bewirken etwas in der Welt –, die Klarheit und Stringenz der Spekulationen, die er auf diesen Annahmen baut, sind beeindruckend. »Den geistreichsten zeitgenössischen Philosophen, den ich kenne«, nannte ihn der amerikanische Essayist Jim Holt.

Aber Leslie geht noch weiter. Seiner Ansicht haben Menschen nicht nur die Chance auf Unsterblichkeit, sondern sie sind notwendigerweise unsterblich. Das liegt an seinem Verständnis der Identität einer Person. In Leslies Kosmos sind wir wie alle Kreaturen Ideenwesen und als solche Teil des unvergänglichen kosmischen Ganzen. Eigentlich gibt es nur ein einziges Ding, ebendieses allumfassende Ganze, das »die Leben von uns allen lebt«, wie Leslie es ausdrückt. Nun kann man ihn fragen: Warum bemerken wir das nicht? Warum fühlen wir uns so klein und endlich, wenn wir eins mit dem Kosmos sind? Aber das würde Leslie als Ego-Denken zurückweisen. Er erinnert an das hinduistische Streben nach einer »Auflösung im Brahman«. Hindus freuen sich darauf, im Universum aufzugehen. Sie glauben, dass es gut für sie ist. Wir sollten es auch, sagt Leslie.

Bei Woody Allen allerdings kommt noch keine Freude auf: »Die menschliche Existenz ist eine brutale Erfahrung für mich«, sagte er 2010 in einem Interview, »eine quälende, sinnlose Erfahrung mit ein paar Oasen, Freude, Zauber und Frieden, aber das sind nur kleine Oasen. Am Ende kommt jeder auf sinnlose Weise ins Grab.« Gar keine Aussicht auf Trost? »Aus Jammern ziehe ich etwas Trost«, sagt Allen.

Leslies Metaphysik beeindruckt mich. Aber sein Konzept der Unsterblichkeit überzeugt mich nicht. Das liegt nicht an seinen verwegenen Annahmen, sondern daran, dass er mir zu viel Unsterblichkeit verspricht. Nach seiner Logik sind alle Menschen unsterblich – so wie alle Katzen, alle Flöhe und mein Schuh. Alles ist da, weil es gut so ist, und alles ist eins mit dem Kosmos, daher unvergänglich. Aber eine Unsterblichkeit, die einem sowieso in den Schoß fällt, bewegt mich nicht sonderlich. Spannender finde ich eine Unsterblichkeit, nach der man streben muss, um sie zu erreichen.

Mark Johnston, emeritierter Professor der Philosophie an der Princeton University, liefert das Kontrastprogramm zu Leslie. Er kommt fast ohne zusätzliche metaphysische Annahmen aus. Wo Leslie kühn spekuliert, bleibt Johnston auf dem Boden der Tatsachen. Sein Ausgangspunkt liegt bei Immanuel Kant. Der große Königsberger Transzendentalphilosoph sah rationale Gründe, auf ein Weiterleben zu hoffen. Tugend und Glückseligkeit zusammen bilden für Kant das »höchste Gut«, nach dem wir als rationale Wesen notwendigerweise streben müssen. Doch diese moralische Vollkommenheit können wir im irdischen Leben nicht erreichen, schließlich sind wir keine Heiligen. Da das Streben nach dem höchsten Gut aber moralisch gefordert ist, müssen wir annehmen, dass unsere Existenz als rationale Wesen ins Unendliche fortdauert. Die Unsterblichkeit der Seele ist daher ein »Postulat der praktischen Vernunft«. Das gute Leben und der Tod hängen untrennbar zusammen. Das ist auch der Ausgangspunkt von Mark Johnston. In seinem Buch *Surviving Death* versucht der emeritierte Princeton-Professor zu begründen, warum gute Menschen eine realistische Chance haben, ihren eigenen Tod zu überleben – und zwar im buchstäblichen Sinn.

Johnston geht dabei von einer Vorstellung des Guten aus, die auch viele Religionen teilen: Ein guter Mensch ist jemand, der sein eigenes Selbst zurückstellt und sich an den Bedürfnissen anderer orientiert. Das ist die Idee der christlichen Nächstenliebe – der Agape – ebenso wie der buddhistischen Heilslehre. Wenn wir dem Ideal des Altruismus folgen, entwickeln wir nach Johnston eine neue Beziehung zu uns selbst. Wir verändern unsere Identität. Johnstons zentraler Gedanke ist nun, dass wir unsere Vorstellung eines dauerhaften Selbst überhaupt aufgeben müssen, ähnlich wie es der Buddhismus fordert. Ein beständiges Selbst, so behauptet Johnston, könnte uns nämlich gar keine rationalen Motive für unser Handeln liefern. Das klingt zunächst etwas bizarr. Schließlich gehen wir wie selbstverständlich davon aus, dass wir heute die »gleiche Person« sind wie vor einer Woche oder in zehn Jahren. Dabei tun wir allerdings etwas Merkwürdiges: Wir wissen eigentlich nicht, was unser Selbst ist, aber wir tun so, als wüssten wir es. Etwas Ähnliches tun wir auch im Alltag, wenn wir Personen oder Dinge identifizieren: Solange der Baum vor meinem Fenster da ist, gehen wir davon aus, dass es derselbe Baum ist wie gestern oder vor drei Wochen, auch wenn er in der Zwischenzeit viele Äste verloren hat. Und wenn wir einen alten Freund wiedersehen, nehmen wir selbstverständlich an, dass es die gleiche Person ist, auch wenn er sich äußerlich deutlich verändert hat. Personale Identität ist kein Thema im Alltag. Wir wenden nicht ständig irgendwelche »Identitätskriterien« an, um die Identität einer Person über die Zeit hinweg festzustellen. Bei unserem eigenen Selbst verfahren wir genauso. Das Problem ist nur, dass das Selbst nichts Substanzielles ist. In Kapitel 9 haben wir gesehen, dass es keine objektive Tatsache ist, dass ein Mensch nach zehn Jahren noch »derselbe« ist wie heute. Es ist eine Entscheidung, es so zu sehen. Daraus folgert Johnston aber, dass wir unser »Selbst« nicht zur Rechtfertigung zukünftiger Handlungen heranziehen können: »Warum sollte ich mich, in einer besonderen egozentrischen Weise, um die Fortexistenz einer Person in der Zukunft sorgen, wenn der Gedanke keinen Sinn ergibt, dass es sich bei dieser Person um MICH handelt?«

Mit seiner neuen Sicht von Tod und Identität schlichtet Johnston auch den Dissens über die Undenkbarkeit des eigenen Todes zwischen Lukrez und Hume auf der einen Seite, Goethe und Freud auf der anderen – siehe Kapitel 4. Raffiniert unterscheidet er zwischen zwei Bedeutungen, die »mein Tod« haben kann: mein eigener Tod und mein *eigenster* (»ownmost«) Tod. Der Gedanke an meinen eigenen Tod, den Tod von Tobias Hürter, also den Tod meines Körpers, fällt mir nicht schwer. Der Gedanke an meinen eigensten Tod jedoch – das ist der Gedanke an das Ende jener »Arena der Anwesenheit und Handlung« (Johnston), in der mein Erleben der Welt spielt, an das Ende meines Selbst – dieser Gedanke ergibt tatsächlich keinen Sinn für mich. Irgendetwas geht zu Ende, aber es ist unbestimmt, was da zu Ende geht, weil diese »Arena der Anwesenheit und Handlung« unbestimmt ist. Der eigenste Tod ist undenkbar für mich, weil er »radikal undefiniert« ist. So gesehen, haben Goethe und Freud recht. Aber auch Lukrez hat recht, wenn er sagt, sein Tod gehe ihn nichts an. Je weniger wichtig jemand dieses dubiose Selbst nimmt, das er sein Eigen nennt, desto weniger wichtig nimmt er auch seinen Tod. Und desto freier wird er für die Alternative: sich bereits heute an den Interessen anderer Menschen zu orientieren – im Sinne eines radikalen Altruismus oder der christlichen »Agape«.

Nach Johnstons Auffassung sind wir wandelbare Wesen, wie der mythische Meergott Proteus, der die Fähigkeit besaß, alle möglichen Gestalten anzunehmen. Auch wir können den Spielraum nutzen, den uns die Unschärfe unserer Identität lässt, und sie verändern. Welches Selbst wir dabei realisieren, hängt von unseren zukunftsgerichteten Sorgen und Interessen ab. Das gibt uns nach Johnstons Theorie eine realistische Chance, über unser physisches Ende hinaus weiter zu existieren. Als proteische Wesen können wir nämlich durch den eigenen Tod gleichsam »hindurchsehen«, indem wir uns bereits heute an den Interessen anderer orientieren. Auf diese Weise können wir unsere Identität neu bestimmen – über unseren Tod hinaus.

Um seinen Weg zum Überleben des Todes zu demonstrieren, unternimmt Johnston ein Gedankenexperiment – und wieder mal wird dabei gebeamt. Man stelle sich ein Volk vor, das sich mithilfe von Teletransportation fortbewegt. Diese »Teletransporter« wissen, dass die Maschinen ihre Körper erst zerstören und dann andernorts exakte Kopien erzeugen. Zugleich haben sie die Fähigkeit, sich mit ihren zukünftigen Kopien völlig zu identifizieren. Ein anderes Volk hingegen, die »Menschen«, hält Teletransportation für glatten Selbstmord. Menschen und Teletransporter verstehen ihre personale Identität also grundlegend unterschiedlich.

Nun könnte man sich aber vorstellen, dass die Teletransporter den Menschen ein Training anbieten, bei dem diese lernen, sich mit ihren Replikanten genauso zu identifizieren wie die Teletransporter. Als Absolvent dieses Trainings, so argumentiert Johnston, würde ein Mensch die Teletransportation dann genauso »überleben«. Nach Johnston können wir uns als Personen gewissermaßen »rekonfigurieren«, indem wir uns am Wohl anderer ausrichten und nicht an einer »metaphysischen Rechtfertigungsinstanz« wie der Seele oder dem »Selbst«: »Das Ideal der Agape lässt uns weiterleben im Vorwärtsstreben der Menschheit und nicht (oder nicht speziell) in den übernatürlichen Räumen des Himmels, selbst wenn solche Räume existieren und von den Erben unserer Seelen bewohnt wären.« Gute Menschen verkörpern sich gleichsam in einer Art »moralischer Reinkarnation« immer wieder neu. Sie gehen auf im »Vorwärtsstreben der Menschheit«. Auch ohne unsterbliche Seele und ohne unsterblichen Körper leben wir weiter in den Werten und Interessen, die wir mit anderen Menschen teilen.

Die Geschichte von den Teletransportern geht noch weiter. Johnston verrät uns erst jetzt, dass die Maschinen nicht immer zuverlässig funktionieren. Manchmal erzeugen sie versehentlich zwei Kopien des Originals. Auf einmal ist man verdoppelt! Doch die Teletransporter haben auch damit zu leben gelernt. Sie identifizieren sich mit sämtlichen Kopien, die da kommen mögen. Auch die sozialen Fragen sind geregelt: Die Duplikate teilen sich den Job und den Ehepartner des Originals. Menschen, die sich zum Teletransporter fortbilden lassen, können lernen, sich mit mehreren künftigen Menschen zu identifizieren.

Man könnte Johnston einen faulen Trick unterstellen: Wenn er davon spricht, dass wir in unseren Werten und Interessen weiterleben, habe er uns eine metaphorische Redeweise als wörtliche Wahrheit verkauft. Doch genauso meint er es. Er hält die moralische Seite eines Menschen für nicht weniger wesentlich für ihn als die Kontinuität seines Bewusstseins und seines Körpers. Das Bewusstsein mag mit der Auslöschung des Körpers verschwinden. Doch die Werte, die ein Mensch vertreten hat, die Interessen, für die er gelebt hat, können lebendig bleiben – wenn er es zu Lebzeiten richtig anstellt. Wie das geht? Im nächsten Kapitel schreiten wir zur Praxis der Unsterblichkeit.

Johnston und Leslie haben grundverschiedene Ausgangspunkte. Der eine verzichtet konsequent auf metaphysische Spekulation; dem anderen kann es kaum spekulativ genug sein. Doch erstaunlicherweise finden sie zu einer tiefen Gemeinsamkeit: Ein Leben nach dem Tod ist eine Frage der Moral. Wäre nach dem Tod das bloße Nichts, dann liefen ein gutes und ein schlechtes Leben auf dasselbe hinaus – auf ebendieses Nichts. Wer an Werte glaubt, der muss an eine Fortexistenz nach dem Tod glauben. Darin finden die großen Religionen zusammen und so unterschiedliche Philosophen wie John Leslie und Mark Johnston. In einer Welt ohne Werte ließe sich nicht für ein Leben über den Tod hinaus argumentieren. In seinen Werten lebt man weiter. Werte statt Werke – ob Woody Allen damit zufrieden wäre? Immerhin gibt es eine gute Nachricht für ihn: Er wird nach seinem Tod weniger jammern müssen.

12 Was für ein Leben?

Warum Dschingis Khan sich nicht unsterblich gemacht hat

Wenn man den Gedanken von Mark Johnston aus dem letzten Kapitel folgt, dann bestehen gute Aussichten darauf, den Tod zu überstehen. Nicht in einem metaphorischen Sinn, sondern wörtlich. Aber man muss etwas dafür tun. Man muss seine Unsterblichkeit von langer Hand vorbereiten.

Üblicherweise kommen Unsterblichkeitsversprechen in einem Pauschalpaket, komplett mit Lebenshilfe und moralischem Wertesystem. Das ewige Leben des Christentums ist verknüpft mit Riten und Geboten. Das Tibetische Totenbuch erklärt genau, welche Meditationsübungen den Weg ins Nirwana ebnen. Doch Mark Johnston ist kein Prophet, er ist Philosoph analytischer Prägung. Er hat keine religiöse Botschaft, sondern vertritt eine philosophische Theorie. Man kann aus ihr kein fertiges Rezept ableiten, bekommt keinen Überlebensratgeber, aber doch ein paar hilfreiche Fingerzeige. Und so ist dies ein wichtiges, aber ein kurzes Kapitel.

»Das Überleben des Todes ist eine Frage des Maßes«, sagt Johnston: nicht eine Frage von ganz oder gar nicht, sondern von mehr oder weniger. Es hängt davon ab, wie gut es einem Menschen gelingt, sich mit den Werten und Interessen künftiger Menschen zu identifizieren. Wenn zum Beispiel eine Mutter das Wohlergehen ihres Kindes zu ihrem Anliegen macht, dann lebt sie über ihren Tod hinaus im Kind weiter. Zwar ist dann dieses Anliegen nicht mehr in ihrem Bewusstsein, da ihr Bewusstsein erloschen ist. Aber das ist nicht so wichtig. Ihr Anliegen jedoch bleibt wichtig. Die Interessen der Mutter sind im Kind verkörpert, so wie sie vor ihrem Tod in ihrem eigenen Körper manifestiert waren.

Die eigenen Kinder sind sicherlich der nächstliegende Weg. Den meisten Eltern fällt es besonders leicht, sich mit den Interessen ihrer Kinder zu identifizieren. Aber auch mit den Interessen eines Fremden kann man sich identifizieren. Das tun wir sowieso in kleinem Maß, wenn wir Mitgefühl mit jemandem haben oder Rücksicht nehmen. Wenn Johnston recht hat, dann wird man in solchen Momenten zu einem kleinen Stück der andere. Umgekehrt sichert biologische Fortpflanzung allein noch keine Unsterblichkeit. Der mongolische Despot und Eroberer Dschingis Khan pflanzte sich fleißig fort. Er schwängerte systematisch die schönsten Frauen unterworfener Völker. Genetiker haben das Y-Chromosom des »erfolgreichsten Alphamännchens der Geschichte« (Brian Sykes von der Universität Oxford) bis nach Westeuropa verfolgt. Aber Dschingis Khan war, mit Verlaub, ein Arschloch. »Die größte Freude im Leben ist es, seine Feinde erbarmungslos zu schlagen und zu töten, ihre Pferde zu reiten und ihre Frauen und Töchter zu schänden«, wird er zitiert. Ein nicht geringer Teil der Weltbevölkerung von heute trägt Gene von Dschingis Khan im Erbgut. Damit sind seine Gene außergewöhnlich erfolgreich im Sinn der biologischen Evolution. Im Johnston'schen Sinn der Unsterblichkeit jedoch war Dschingis Khan ein Verlierer.

Das gefällt mir besonders gut an Johnstons Überlegungen zur Unsterblichkeit: Sie sprechen guten Menschen einen Vorteil zu. Wer gut lebt – gut im moralischen Sinn –, hat bessere Aussichten, seinen Tod zu überleben. Wer dagegen eingeschlossen im eigenen Ego bleibt, sich um nichts schert als seinen kurzfristigen Vorteil, steht im Licht von Johnstons Theorie ziemlich blöd da. Er mag zu bestimmten Zeiten mehr Spaß haben. Aber nach dem Tod ist nichts mehr los mit ihm.

Das heißt nicht, dass es verboten wäre, Spaß zu haben, doch bleibt der Wert des Spaßes eben diesseits des Todes.

Dabei ist es nichts Großartiges, was man leisten muss. Man muss kein Held sein, keine spektakulären Wohltaten vollbringen, sich nicht für etwas aufopfern. Worauf es ankommt, ist nicht Ruhm, sondern echte Demut beim Umgang mit anderen und sich selbst. Nicht nötig, sich in eine Mutter Teresa verwandeln. Es genügt, »gut genug« zu sein, wie Johnston es ausdrückt. Es geht um jene Demut, die Papst Johannes XXIII. an den Tag legte, als er sich selbst sagte: »Johannes, nimm dich nicht so wichtig.«

Viele Herausforderungen im Umgang mit dem Tod bleiben von solchen Überlegungen unberührt: Wie gehen wir um mit dem Leiden, das oft mit dem Sterben einhergeht? Wie weit darf Sterbehilfe gehen? Ist Suizid erlaubt? Wie können Hinterbliebene den Verlust eines geliebten Menschen verkraften? Dennoch halte ich Johnstons Theorie für ein großartiges Beispiel dafür, dass ein philosophisches Argument auf das Leben einwirken kann. Hätte Iwan Iljitsch Golowin es gekannt, dann hätte er vielleicht etwas gelassener in den Tod gehen können.

Es gibt kein fertiges Rezept für ein gutes Leben, aber zumindest Kriterien: Jemand hat richtig gelebt, wenn er im Angesicht des Todes nicht bedauert, so gelebt zu haben. Denn dann ist es zu spät, es droht ein Ende à la Iwan Iljitsch. Mein Absturz hat mir mein persönliches Kriterium gegeben. Ich will so leben, dass ich, wenn ich noch einmal dort hinabstürzen würde (Gott bewahre), denken würde: Ich habe richtig gelebt. Das ist mein Kompass. Wenn ich mit einer wichtigen Entscheidung ringe, versetze ich mich mit ihr in jene Sekunden des Absturzes. Was dann, wenn ich selbst vor der Auslöschung stehe, noch wichtig ist, das ist wirklich wichtig. Das ist mein Trick, mich nicht so wichtig zu nehmen. Eine brachiale Methode, aber meistens funktioniert sie.

13 Die letzte Deadline

Wie meine Sterblichkeit mich motiviert

Es gibt Menschen, die setzen ihre Ideen um wie Computer, die ein Programm ausführen. Sie machen sich einen Zeitplan, setzen sich Zwischenziele und halten sich daran. Diese Menschen geraten selten unter Druck. Ich gehöre nicht dazu. Ich bin ein unverbesserlicher Prokrastinierer. Ich schiebe die Dinge gern vor mir her. Ohne Druck verfalle ich in Gemächlichkeit. Fast alles, was ich geschafft habe, verdanke ich Deadlines. Ohne sie hätte ich sehr viele angefangene Texte auf meiner Festplatte, aber sehr wenige fertige. Auch dieses Buch hätte ich niemals ohne den drohenden Abgabetermin geschrieben.

Das Gefühl einer nahenden Deadline ist mir vor allem von den unzähligen Artikeln vertraut, die ich als Journalist geschrieben habe. Wenn sie noch weit weg ist, schreibe und recherchiere ich ein bisschen herum. Die Deadline kommt näher, ich muss anfangen. Aber ich fange noch nicht an, andere Dinge lenken mich ab. Dann, zu spät, fange ich doch an. Ich habe oft geglaubt, ich würde eine Deadline reißen. Aber ich habe noch nie eine Deadline gerissen. Als würde es nach einem unsichtbaren Drehbuch laufen, passt zum Schluss meistens alles genau. Meistens. Manchmal überspanne ich den Bogen. Druck und Ärger über mich selbst werden so stark, dass sie lähmend wirken. Dann steht am Ende kein guter Text.

Einen Kerngedanken dieses Buchs könnte ich kurz auch

so ausdrücken: Der Tod ist die absolute Deadline. Würde ich in die Unendlichkeit hineinleben, dann würde ich vermutlich gar nicht leben, sondern nur trödeln. Nichts wirkt belebender auf mich als der Gedanke an den Tod.

Martin Heidegger beschrieb das menschliche Dasein als »Sein-zum-Tode«, aber er sagte wenig dazu, was daraus folgt. Wie soll ein Seiender-zum-Tode leben? Für mich bedeutet Sein-zum-Tode ein größer gedachtes Sein-zur-Deadline. Das ist nicht nur eine intellektuelle Einsicht, denn sie ändert etwas. Wenn es nur eine intellektuelle Einsicht wäre, dann hätte ich zum Beispiel jetzt den Wunsch, ein Kind zu haben. So aber habe ich jetzt ein Kind. Fast auf den Tag genau anderthalb Jahre nach meinem Absturz kam mein Sohn auf die Welt. Ich behaupte: Meinem Absturz verdankt er sein Dasein, und ich verdanke ihm das große Geschenk, das mein Sohn mir ist.

Fast auf den Tag genau ein Jahr nach meinem Absturz fuhr ich wieder nach Garmisch ins Klinikum. In einem chirurgischen Großreinemachen holte Dr. Klier, der damals meine Knochen wieder zusammengesetzt hatte, den ganzen Stahl und das ganze Titan aus meinem Körper: unzählige Platten, Bänder, Drähte und Schrauben. Klier und ich hatten einige Sorge, dass der Eingriff meinen Nerv erneut schädigen würde. Als ich aus der Narkose erwachte, prüfte ich als Erstes meine rechte Hand. Sie funktionierte. Seitdem bin ich metallfrei. Die Metalldetektoren in den Flughäfen schlagen nicht mehr Alarm, wenn ich sie passiere. Geblieben sind die Narben. Eine lange, geschwungene am rechten Oberarm, zwei gerade an der linken Schulter und am linken Fuß. Ein paar Punkte hier und dort, wo ein Knochenfragment die Haut durchstoßen hatte. Meine rechte Hand funktioniert wieder so gut, dass mir die verbliebene Einschränkung im Alltag selten auffällt. Wenn doch oder wenn mal eine Narbe zwickt, dann erinnert mich das daran, wie sehr mich der

1.11.2011 verändert hat und dass ich keinen anderen Weg weiß, wie ich diese Veränderung hätte erleben können – und wie glücklich ich bin, noch am Leben zu sein. Dann ist sie wieder da, die Freude von damals.

Literaturempfehlungen

1

Karl Jaspers: *Einführung in die Philosophie.* Piper, 1971

2

Zygmunt Bauman: *Tod, Unsterblichkeit und andere Lebensstrategien.* Fischer Taschenbuch, 1994
Ernest Becker: *Dynamik des Todes.* Goldmann, 1976
Stefan M. Maul (Hg.): *Das Gilgamesch-Epos.* Beck, 2005

3

David Eagleman: *Fast im Jenseits.* Campus, 2009
Russell Noyes et al.: »Panoramic Memory«, in: *Omega,* Bd. 8 (1977)

4

Wolfgang Herwig (Hg.): *Goethes Gespräche.* dtv, 1998
Stephen Cave: *Unsterblich.* Fischer, 2012
Jean-Paul Sartre: *Das Sein und das Nichts.* Rowohlt, 1991

5

Anne Wierzbicka: *Semantics.* Oxford University Press, 2006
Héctor Wittwer: *Philosophie des Todes.* Reclam, 2009

6

Thomas Nagel: *Mortal Questions.* Cambridge University Press, 1979
Lukrez: *Von der Natur.* Artemis & Winkler, 1993

7

Deborah Blum: *Geister-Jäger.* Goldmann, 2007
Saul Kripke: *Name und Notwendigkeit.* Suhrkamp, 1973
Platon: *Von der Unsterblichkeit der Seele.* dtv Beck, 2010
Thomas Vašek: *Seele.* Ludwig, 2010

8

Hugo Gomille: »Der Weltweise im Skianzug«, in: *Hohe Luft* 1/2013
Martin Heidegger: *Prolegomena zur Geschichte des Zeitbegriffs.* Klostermann, 1979
Raymond Tallis: *The Hand.* Edinburgh University Press, 2003
Ernst Tugendhat: *Über den Tod.* Suhrkamp, 2006

9

Julian Baggini: *The Ego Trick.* Granta, 2011
Derek Parfit: *Reasons and Persons.* Oxford University Press, 1984
S. J. Watson: *Ich. Darf. Nicht. Schlafen.* Scherz, 2011

10

Peter van Inwagen: »The Possibility of Resurrection«, in: *International Journal for Philosophy of Religion,* Bd. 9 (1978)
Shelly Kagan: *Death.* Yale University Press, 2012
Joseph Ratzinger: *Einführung in das Christentum.* Kösel, 1968
Bernard Williams: »The Makropulos Case«, in: *Problems of the Self.* Cambridge University Press, 1973

11

Jim Holt: *Why Does the World Exist?* Norton, 2012
Tobias Hürter, Thomas Vašek: »Können wir den Tod überleben?«, in: *Hohe Luft* 3/2013
Mark Johnston: *Surviving Death.* Princeton University Press, 2010
John Leslie: *Immortality Defended.* Blackwell, 2007
Jay F. Rosenberg: *Thinking Clearly About Death.* Hackett, 1998

12

Peter Bieri: *Wie wollen wir leben?* Residenz, 2011
Tobias Hürter: »Dschingis Khan«, in: *Das zweite Gesicht.* Moritz Müller-Wirth et al. (Hg.). Rowohlt, 2005
Padmasambhava: *Das Tibetische Totenbuch.* Arkana, 2008

13

John Perry: *Einfach liegen lassen: das kleine Buch vom effektiven Arbeiten durch gezieltes Nichtstun.* Riemann, 2012

Danksagung

Mein Dank gilt Thomas Vašek für unzählige anregende Diskussionen und Andrea Walter, die sich den Titel dieses Buchs ausgedacht hat.